産業保健スタッフのための

ISO 45001

― マネジメントシステムで進める産業保健活動 ―

JIS Q 45100（日本版マネジメント規格）対応

森 晃爾 編著

中央労働災害防止協会

編者のことば

　労働安全衛生マネジメントシステムは、英語ではOccupational Health and Safety Management System（OHSMS）である。OHSMSの健康面での取扱いに敢えて特化した本書が企画されている背景に、日本で導入されているOHSMSの多くが安全リスク管理に比べて健康リスク管理（衛生管理）の自主的な取組みが弱く、ISO45001の発行を機に両者のバランスを取り戻したいという目的がある。これまでのOHSMSにおいて安全リスク管理と健康リスク管理のバランスが悪かった背景には、いくつもの要因がある。

　第1に、安全衛生という言葉は、安全と衛生が一つながりになっているため、両者の関係が分かりにくい。そのため、安全衛生と言いながら自主的な安全対策だけでOHSMSが完結していた可能性がある。言うまでもなく安全衛生は、英国ではHealth and Safetyであり、日本語では"健康と安全"であるから、この"AND"条件であること、健康が安全よりも前にあることを意識することが必要である。

　第2に、これまで実践されてきた労働衛生または産業保健活動は、労働安全衛生法令に基づいた法令順守型活動であったことである。労働安全衛生法令は、健康リスクの評価からその対策まで詳細な規定が含まれており、それを順守することによって一定の成果を上げてきた。しかし、労働者を取り巻く環境の大きな変化により多様な産業保健ニーズが生じており、自律型活動の実践が必要になってきている。

　第3に、OHSMSにおいて扱う労働衛生または産業保健の範囲に関する議論が十分でないことである。OHSMSの基本は、リスクアセスメントの実施とその結果に応じたリスク低減と捉えられている。労働者の傷害や疾病を防止するためには、機械設備、作業環境や作業方法の改善によるリスク低減が重要であることは間違いないが、労働者の健康を管理することも併せて重要である。しかし、労働者の健康側の側面がOHSMSで運用されてこなかった。

　第4に、健康リスク対策、すなわち産業保健活動の多くの手順は、産業医や保健師などの産業保健スタッフの資格や力量に委ねられるところが大きい。そのため、産業保健の手順をOHSMSの中で運用するためには、産業保健手順の文書化とシステムへの産業保健スタッフの参画が不可欠である。多くの企業で産業保健スタッフは総務・人事系に所属しており、またOHSMSでの役割を果たすために必要な時間やコミットメントが産業保健スタッフから得られない場合も存在する。その状態で、産業保健活動をOHSMSの中に入れれば、マネジメントシステムにバグが発生する（機能不全になる）ことになる。

以上、これまで健康リスク対策がOHSMSでうまく運用されてこなかった背景について、4つの代表的な要因について概説した。これらの課題を解決するためには、OHSMSにどのように産業保健を組み込むか、具体的な方策が必要であるとともに、重要な役割を果たす産業保健スタッフのマネジメントシステムに対する理解を向上させる必要がある。そこで本書では、産業保健スタッフを主な読者として、OHSMSの基本やISO45001発行の背景などの基本事項とともに、自律的産業保健活動の各要素をOHSMSに落とし込み、OHSMSの仕組みを使って継続的に改善を図る方策に解説した。また、OHSMSで産業保健スタッフが役割を果たすことの具体的なイメージを共有するために、4つの先進事例を紹介した。

　OHSMSは、組織トップのリーダーシップという強力なエンジンによって、安全衛生活動を推進するための仕組みである。OHSMSの仕組みの中で産業保健プログラムが運用されることによって、事業者が健康配慮義務を果たすとともに、労働者の健康保持増進が達成されるという産業保健活動の成果を上げることができる。多くの産業保健スタッフが本書を参考として、OHSMSの中で重要な役割を果たすようになることを期待したい。

　なお、本書ではISO45001規格の要求事項の全体を示してはいない。本書を読み解くにあたって、『ISO 45001:2018（JIS Q 45001:2018）労働安全衛生マネジメントシステム 要求事項の解説』（日本規格協会）、『これだけでわかる ISO45001―導入から実践までのポイント』（中央労働災害防止協会）などの書籍を併せて参考にされたい。

2019年10月

産業医科大学　産業生態科学研究所教授　森　晃爾

発行にあたって

　1999年に労働省告示第53号として発出された労働安全衛生マネジメントシステムに関する指針（以下「指針」という。）が、2019年7月1日に、令和元年厚生労働省告示第54号により改正され、同日から適用されることとなった。

　指針は、事業者が計画（Plan）－実行（Do）－評価（Check）－改善（Act）という一連のサイクルにより継続的に行う自主的な安全衛生活動を促進するための仕組みを定めるもので、労働安全衛生規則に基づき厚生労働大臣が公表している。

　一方、2018年3月に労働安全衛生マネジメントシステムの国際規格であるISO45001が発行され、わが国においては、同年9月にISO45001を翻訳した日本産業規格（JIS Q 45001）が制定された。同時に制定されたJIS Q 45100では、従来、指針において求められている事項に加え、安全衛生計画の作成などにおいて参考となる安全衛生活動、健康確保の取組み等の具体的項目を明示している。

　この度の指針改正は、このような国際的な動きや近年の安全衛生上の課題を踏まえて行われたもので、特に近年、労働者の心身の健康の確保・増進の重要性が高まっていることから、健康の保持増進のための活動の実施に関する事項や健康教育の内容、また実施時期に関する事項を安全衛生計画に含めることが追加されたことは、産業保健スタッフの活動にも大きく関わるものと考えられる。

　これまでは労働安全衛生マネジメントシステムを導入しても、その運用は安全分野に偏りがちで、産業保健スタッフは関与しないという事業場も少なくなかった。しかしながら働き方改革や健康経営など、働く人の健康をめぐるさまざまな動きが生じる現代において、産業保健活動の方向性や進捗、更には改善策を見える化し、活動を包括的にスパイラルアップさせる枠組みとして、労働安全衛生マネジメントシステムは極めて有用であり、広く普及が望まれるものである。

　本書は、労働安全衛生マネジメントシステムに造詣が深い森晃爾教授を編著者とし、実際にマネジメントシステムで産業保健活動を展開している方々を中心に執筆をお願いしたもので、第11章の運用事例はもとより、各章においても実例を踏まえた記述をいただいている。本書が多くの企業、事業場において、マネジメントシステムによる産業保健活動の実践に活かされ、継続的、かつ自律的労働安全衛生活動の充実と、活き活きと働ける快適な職場づくりの推進に寄与することを期待する。

2019年10月

中央労働災害防止協会　健康快適推進部長　松葉　斉

目 次

　　本書で使用する用語について ……………………………………………… 10
　　ISO（JIS Q）45001とJIS Q 45100の章構成 …………………………… 11

第1章

労働安全衛生マネジメントシステムとは？ …………… 13
三井化学株式会社本社健康管理室長
統括産業医　土肥誠太郎

　1　はじめに ……………………………………………………………… 14
　2　労働衛生施策の展開 ………………………………………………… 14
　3　マネジメントシステム ……………………………………………… 15
　4　OHSMSの理解 ……………………………………………………… 16
　5　OHSMSでの産業保健活動の展開 ………………………………… 17
　6　産業保健スタッフの参画 …………………………………………… 17

第2章

ILOガイドライン、OHSAS18001、ISO45001、JIS Q 45100等、マネジメントシステム標準化の経緯と内容 …………………………………………… 19
中央労働災害防止協会技術支援部次長　斉藤信吾

　1　ISO45001が作成された背景 ………………………………………… 20
　2　JIS Q 45100が作成された背景 ……………………………………… 20
　3　厚生労働省の労働安全衛生マネジメントシステム指針について … 22
　4　他のOHSMS規格の概要 …………………………………………… 22
　5　ISO45001のPDCAサイクル ………………………………………… 24
　6　ISO45001を運用する上で注意が必要な用語 ……………………… 25

第3章

安全と健康のバランスの取れた労働安全衛生マネジメントシステムを構築するために …………… 29
HOYA株式会社
HOYAグループ環境・安全衛生・健康・ISO執行責任者
兼HOYAグループ総括産業医　小林祐一

　1　はじめに ……………………………………………………………… 30
　2　OHSMSにおける自律的活動とは ………………………………… 30

3	OHSMSの骨格の理解	31
4	OHSMS上で運用すべき労働衛生・産業保健活動項目	32
5	OHSMS上の基本方針における産業保健の位置付け	35
6	OHSMS上の目標設定における産業保健の位置付け	35
7	安全と健康のバランスの取れたOHSMSの導入	36
8	JIS Q 45100の活用方法について	37
9	産業保健スタッフのOHSMSに関する力量について	41
10	安全衛生と健康経営を統合したOHSMSを目指す	42
11	おわりに	43

第4章

労働安全衛生マネジメントシステムの各要素と産業保健プログラム …… 45

産業医科大学　産業生態科学研究所教授　森　晃爾

1	はじめに	46
2	OHSMSの手順の中での産業保健の具現化	46
3	OHSMSの全過程における産業保健専門職の参画と力量	53
4	おわりに	54

第5章

健康リスクアセスメント・マネジメント
（化学、物理、生物、人間工学、心理社会的要因） …… 57

**東京工業大学キャンパスマネジメント本部総合安全管理部門
特任教授　橋本晴男**

1	はじめに	58
2	リスク及び機会への取組み	58
3	健康リスクアセスメント・マネジメントの方法	61
4	健康リスクアセスメント・マネジメントのOHSMSにおける計画と運用	62
5	健康リスクアセスメント・マネジメントに関するパフォーマンス評価	64
6	健康リスクアセスメント・マネジメントに関する内部監査	65
7	おわりに－産業保健専門職の役割－	68

目 次

第6章

労働安全衛生マネジメントシステムでの法令順守のための仕組み、法的要求事項の位置付けと手順 … 71
コマツ健康増進センタ副所長　平岡　晃

1　法令順守のための仕組み …………………………………………………… 72
2　法的要求事項の位置付けと手順 …………………………………………… 74
3　順守状況の評価（Check） ………………………………………………… 75
4　非順守時の改善（Act） …………………………………………………… 76
5　法令改正への対応（変更の管理） ………………………………………… 76
6　産業保健活動を進める際の法令順守の手順 ……………………………… 76

第7章

マネジメントシステム上の産業保健プログラムに関する目標・KPIとPDCA ……………………………………… 83
ブラザー工業株式会社健康管理センター　統括産業医　上原正道

1　OHSMS上での健康の位置付け …………………………………………… 84
2　マネジメントシステムに合わせた産業保健プログラムの分類 ………… 85
3　産業保健プログラムの実施 ………………………………………………… 87
4　産業保健プログラムの評価、改善 ………………………………………… 92
5　産業保健プログラムの中での産業保健専門職の役割 …………………… 93

第8章

マネジメントシステムの監査（システム監査）と産業保健プログラム ……………………………………………… 95
株式会社産業保健コンサルティング　アルク（AORC）　代表取締役　梶木繁之

1　マネジメントシステムにおける「監査」とは …………………………… 96
2　外部監査（第三者による認証監査）と内部監査の違い ………………… 96
3　ISO（JIS Q）45001におけるパフォーマンス評価と内部監査 ………… 98
4　内部監査員の養成と資格 …………………………………………………… 101
5　内部監査前に確認しておくべき情報（文書・記録類） ………………… 101
6　内部監査の流れ（半日～終日で実施する場合：例） …………………… 101
7　内部監査インタビュー時の留意点 ………………………………………… 102
8　インタビューの流れ ………………………………………………………… 102
9　内部監査チームの構成メンバーと特徴 …………………………………… 105

10	産業保健スタッフ（産業保健専門職）が内部監査員となったら	106
11	産業保健スタッフが内部監査に関与するには	107
12	産業保健スタッフに期待される役割	108

第9章
健康経営とマネジメントシステム ……………………… 109
ジョンソン・エンド・ジョンソン日本法人グループ　統括産業医　岡原伸太郎

1	はじめに	110
2	伝統的な労働安全衛生と近代的な健康保持増進、そして健康経営の違いと関係性	110
3	健康経営の具体的な在り方	114
4	OHSMSの応用による健康経営の可能性	116
5	おわりに	121

第10章
中小企業におけるマネジメントシステムの普及 ……… 123
五十石技術士事務所　五十石清

1	中小企業がマネジメントシステムに取り組むときの問題点	124
2	中小企業はISO45001にどのように取り組むとよいか	124
3	マネジメントシステムを確立・維持する際の留意点	127
4	おわりに	128

第11章
OHSMSにおける健康管理施策の運用事例 …………… 129

事例1　コマツグループ ……………………………………………… 130
　　　　コマツ健康増進センタ産業医　深井七恵

事例2　HOYA株式会社 …………………………………………………… 140
　　　　HOYA株式会社HOYAグループOSH推進室室長　小田上公法

事例3　三井化学株式会社 ……………………………………………… 150
　　　　三井化学株式会社岩国大竹工場健康管理室　西日本統括産業医　井手　宏

事例4　学校法人産業医科大学 ………………………………………… 154
　　　　産業医科大学医学部第一生理学　准教授
　　　　産業医科大学病院　産業医　丸山　崇

索引 ……………………………………………………………………… 162

本書で使用する用語について

- **労働安全衛生マネジメントシステム（OHSMS）**

　本書において「労働安全衛生マネジメントシステム」の略語は、Occupational Health and Safety Management Systemの頭文字をとって「OHSMS」と表している。厚生労働省やILO（国際労働機関）では「OSHMS：Occupational Safety and Health Management System」を使用しているが、同じ意味である。

- **ISO45001**

　ISO（国際標準化機構）により発行された労働安全衛生マネジメントシステム規格。

- **JIS Q 45001：2018　労働安全衛生マネジメントシステム―要求事項及び利用の手引き**

　ISO45001の日本国内での普及のためにその内容を変えずに翻訳したもの。ISO45001とJIS Q 45001は国際的に同等とみなされている。

- **JIS Q 45100：2018　労働安全衛生マネジメントシステム―要求事項及び利用の手引き―安全衛生活動などに対する追加要求事項**

　JIS Q 45001に日本独自の安全衛生活動（KY（危険予知）活動、4S（5S）活動、健康確保の取組み）等を取り入れたもの。日本版マネジメント規格。

- **箇条**

　規格の基本的な構成要素である項目番号のこと。JISで規定されており、「第1章、第2章」とは言わず、「箇条1、箇条2」と言う。

ISO（JIS Q）45001とJIS Q 45100の章構成

	ISO（JIS Q）45001		JIS Q 45100での主な追加事項
	序文		
1	適用範囲		
2	引用規格		
3	用語及び定義		
4	組織の状況	4.1 組織及びその状況の理解	
		4.2 働く人及びその他の利害関係者のニーズ及び期待の理解	
		4.3 労働安全衛生マネジメントシステムの適用範囲の決定	
		4.4 労働安全衛生マネジメントシステム	
5	リーダーシップ及び働く人の参加	5.1 リーダーシップ及びコミットメント	
		5.2 労働安全衛生方針	
		5.3 組織の役割、責任及び権限	システム各級管理者
		5.4 働く人の協議及び参加	安全衛生委員会の活用
6	計画	6.1 リスク及び機会への取組み 　6.1.1 一般 　6.1.2 危険源の特定並びにリスク及び機会の評価 　　6.1.2.1 危険源の特定 　　6.1.2.2 労働安全衛生リスク及び労働安全衛生マネジメントシステムに対するその他のリスクの評価 　　6.1.2.3 労働安全衛生機会及び労働安全衛生マネジメントシステムに対するその他の機会の評価 　6.1.3 法的要求事項及びその他の要求事項の決定 　6.1.4 取組みの計画策定	安全衛生活動、健康確保の取組み、附属書A、リスクアセスメント、実施体制
		6.2 労働安全衛生目標及びそれを達成するための計画策定 　6.2.1 労働安全衛生目標 　6.2.2 労働安全衛生目標を達成するための計画策定	安全衛生活動、健康確保の取組み、附属書A
7	支援	7.1 資源	
		7.2 力量	システム各級管理者の力量
		7.3 認識	
		7.4 コミュニケーション 　7.4.1 一般 　7.4.2 内部コミュニケーション 　7.4.3 外部コミュニケーション	
		7.5 文書化した情報 　7.5.1 一般 　7.5.2 作成及び更新 　7.5.3 文書化した情報の管理	手順の文書化
8	運用	8.1 運用の計画及び管理 　8.1.1 一般 　8.1.2 危険源の除去及び労働安全衛生リスクの低減 　8.1.3 変更の管理 　8.1.4 調達 　　8.1.4.1 一般 　　8.1.4.2 請負者 　　8.1.4.3 外部委託	手順の作成、リスクアセスメント実施体制
		8.2 緊急事態への準備及び対応	
9	パフォーマンス評価	9.1 モニタリング、測定、分析及びパフォーマンス評価 　9.1.1 一般 　9.1.2 順守評価	手順の作成
		9.2 内部監査 　9.2.1 一般 　9.2.2 内部監査プログラム	
		9.3 マネジメントレビュー	
10	改善	10.1 一般	
		10.2 インシデント、不適合及び是正処置	手順の作成
		10.3 継続的改善	
附属書A（参考）		この規格の使用に関する手引き	38ページ参照

第1章
労働安全衛生マネジメントシステムとは？

　マネジメントシステムの基本骨格はPDCA（Plan-Do-Check-Act）サイクルである。しかし、単純なPDCAサイクルのみでは、労働衛生の問題は解決の方向へ向かわない。

　そこで、本章では、われわれが労働衛生施策を展開しようとする時に陥りやすいわなを認識して、労働安全衛生マネジメントシステムでどのように解決を図るのかその概略を考えたい。

1 はじめに

　私たちは、産業保健の専門家として、働く人々の健康を確保し増進しようと考えている。そのために、法令で定められたことを粛々と行っている。しかし、時として行うこと自体が目標になり、本来の目的を見失いはしていないだろうか？　何かの目標を定めてそれを達成しようとするとき、必ず仕組みが必要であり、ただ努力するだけでなく一定の仕組みに従って考え行動することが、的確な効果につながる。さらに、われわれが取るべき方策には、科学的根拠の弱いものも多い。従って、方策の効果を検証して次に進む必要がある。労働安全衛生マネジメントシステム（OHSMS）は、目標を立て、目標を達成するための方策を考え、効果や方策を評価して、さらに改善するというPDCA（Plan-Do-Check-Act）サイクル（図1－1）を、的確に回すことができる重要な仕組みである。ぜひ、OHSMSを活用して、産業保健の施策だけではなく、われわれ自身の思考もブラッシュアップさせよう。

2 労働衛生施策の展開

　私たち産業保健スタッフは、どのようにして労働衛生施策を事業場内で展開しているのだろうか。事業場内の各種設備や環境及び施策が、法令を順守できているかを確認して、法令を順守するようにこれらを改善していくことが、第1の取組みと考えられる。第2の取組みとして、事業場内での労働衛生上の課題を見つけ、課題に優先順位を付け、課題を解決又は改善するためのステップとしての目標を設定し、目標を達成するための方策を考え、方策を実行することになる。

　この際、①これらの労働衛生に関する取組みのプロセスが明確化され、目標に対する効果が測定されているだろうか。目標が達成できていなければその原因を考えて方策を改善したり、目標が達成されていればさらに高い目標を掲げ労働衛生施策を展開していくように、PDCAサイクル（図1－1）に則って労働衛生施策を継続的に改善する仕組みになっているだろうか。つまり、PDCAのうちの計画（Plan）と実行（Do）だけになっていないだろうか。

　さらに、②労働衛生施策の対象となる組織のリーダーが、これらの取組みの実行を承認し積極的に関わっているだろうか。

　また、③労働衛生施策を展開する際に、多くの関係者が役割を果たすことが必要だが、産業保健スタッフだけが実行する仕組みになっていないだろうか。

　実際に、事業場で労働衛生施策を展開する際に、産業保健スタッフが専門家であるがゆえに、陥りやすいわなが上記の①②③だと考える。

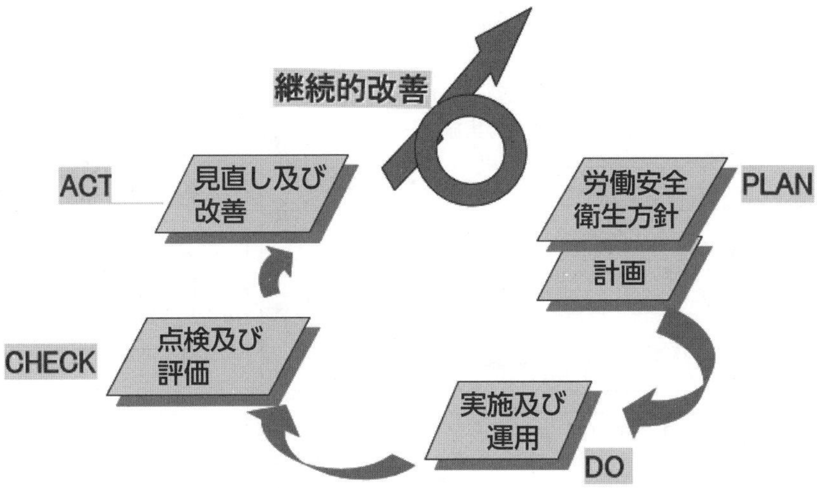

図1-1　PDCAサイクルと継続的改善

3 マネジメントシステム

　マネジメントシステムは、一般的に「企業の経営を管理する制度や方式」という意味で使われている。つまり、経営者が立てた方針・目標を、どのようなやり方で達成するのか、誰がどのような役割分担で活動を行うのか、目標が達成できそうにない場合はどのようにして挽回するのか、といったように経営目標を達成するための活動の仕組みやルールである。多くの場合、マネジメントシステムにはPDCAサイクルが組み込まれている。そして、マネジメントシステムは組織トップのリーダーシップが前提なので、組織トップが責任をもってPDCAサイクルに関与して、経営資源を投入することが含まれる。さらに、組織全体の仕組みでもあるので、関係者（経営層・職場管理者・従業員及び実行責任者）がそれぞれの責任を果たすように手順が決められ、関係者全員が手順を動かすことを求めている。

　従って、マネジメントシステムを活用することにより、前項で述べた事業場で労働衛生施策を展開する際に産業保健スタッフが専門家であるがゆえに、陥りやすい3つを回避することが可能だと考える。

　規格としてのマネジメントシステムの骨格は、基本方針・目標・計画・実行・評価・監査・マネジメントレビューとこれらに基づく継続的改善となる。

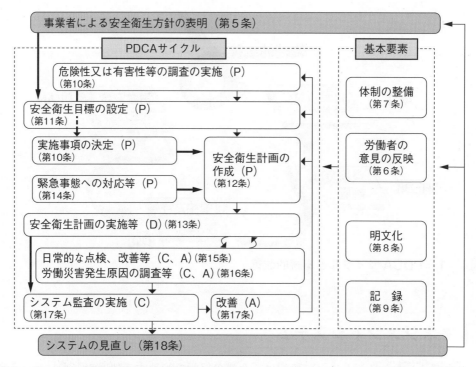

図1-2　厚生労働省告示の「労働安全衛生マネジメントシステムに関する指針」の基本的枠組み

4 OHSMSの理解

　OHSMSを理解するためには、厚生労働省告示の「労働安全衛生マネジメントシステムに関する指針（図1-2参照。以下、本書では「厚労省OHSMS指針」という）」が分かりやすい。

　前年度の監査やマネジメントレビューの結果を受けて、事業者が安全衛生方針を表明する。この労働安全衛生方針及びリスクアセスメントの結果を受けて、安全衛生目標を設定し、実施事項を決定する。次いで、実施事項と緊急事態への対応を合わせて、安全衛生計画を策定して計画を実施する。計画を実施する中で、日常的な点検や改善等を行い、健康障害（労働災害を含む）や健康障害が危惧される事象が発生すれば、原因を分析して再発防止策を講ずることになる。

　最後に、監査を行い改善につなげ、翌年度の安全衛生計画に反映する。これらのPDCAサイクルの全体結果をシステム自体の見直しにつなげる。

5 OHSMSでの産業保健活動の展開

OHSMSで産業保健活動を展開する仕組みには、大きく次の6つがある。
① 有害環境等のリスクを評価した上で、リスク低減及びリスク管理のために必要な計画を策定して実行する。この中には、設備の改善・保護具使用ルールの順守・健康影響の有無の調査及びその事後措置などが含まれる。
② 適用法令やその他の要求事項を明確にしたうえで、それらを満たすように計画を策定して実行する。有害物質管理や長時間労働対策・メンタルヘルス対策などが含まれる。
③ 緊急事態等を定義して、その事態に対応するための準備を計画に盛り込み実行する。爆発や災害及び有害物質による急性中毒の発生に備えた準備と訓練を計画的に行うことなどが含まれる。
④ 目標を設定して、目標達成のための計画を策定して実行する。生活習慣病対策やメンタルヘルス対策、がん対策などが含まれる。
⑤ 諸変更に対して、適切にリスクが管理されるような手順を策定して実行する。設備の新設や生産工程の変更などの際に、健康影響リスクが評価され健康影響が起こらないような対策を事前に講ずることなどが含まれる。
⑥ インシデントや不適合等(健康障害や健康障害が危惧される事象)を定義して、その事態が発生した場合には原因を分析して、これらの事象の再発防止策を実施する。

詳しくは第2章以降で述べるが、ISO45001では、手順を実行するプロセスは、「手順」+「手順を実行できる力量を持った人材」+「手順を実行できる適切な機械設備等」と理解するのが一般的である。従って、労働衛生教育を従業員に行うことや作業主任者などの養成も計画に入れる必要がある。さらに、有害環境等のリスクの評価だけでなく、産業保健活動の展開の仕組みには、「機会」という概念が追加になっている。

6 産業保健スタッフの参画

産業保健スタッフは、計画の策定と実行に注力しすぎる傾向が見受けられる。OHSMSを効果的に運用するためには、基本方針の設定段階から組織のリーダーに提言を行い、システムの構築にも参画することが重要だと考える。さらに、監査(内部監査やシステム監査)は、継続的改善に重要な役割を担うが、労働衛生を理解した者が監査を行わないと十分な監査にならない。産業保健スタッフもOHSMSを理解して、積極的に監査に参加することが望ましい姿であると考える。

(三井化学株式会社本社健康管理室長　統括産業医　土肥誠太郎)

第2章
ILOガイドライン、OHSAS18001、ISO45001、JIS Q 45100等、マネジメントシステム標準化の経緯と内容

　OHSMSのISO化は各国の反対により3回見送られてきたが、ISOとILOが合意したことから規格の作成が開始され、2018年3月に公表された。日本ではISO45001を和訳したJIS Q 45001が発行されたほか、KY（危険予知）活動や4S（5S）活動、健康確保の取組み等を要求事項に含めた独自のJIS Q 45100も併せて発行されている。

　OHSMSのISO化が見送られていた間に、さまざまな組織や機関からOHSMS規格が公表された。しかし、これらの規格とISO45001の基本的な内容は、PDCAサイクルによって安全衛生水準の向上を目指すシステムという意味で大きな差異はない。

1 ISO45001が作成された背景

　ISO9001（品質マネジメントシステム）は1987年に、ISO14001（環境マネジメントシステム）は1996年にISO（International Organization for Standardization：国際標準化機構）から公表されている。これらの規格の認証を取得した企業は、製品の品質や環境に配慮した企業経営が世界的に認められたことになり、特に欧米との取引に有利になることから急速に普及した。

　労働安全衛生マネジメントシステム（OHSMS）についても国際標準規格であるISOを作成すべきであるという提案があったが、1996年のワークショップで各国の賛同が得られず見送りとなった。この時のISO作成の反対理由として、「安全衛生は規制やアプローチが国によって異なる」「社会経済や文化が違うためOHSMSは国内規格であるべき」等が挙げられた。その後、2000年と2007年にもOHSMSのISO作成についてISOメンバー各国が投票を行ったが、いずれも否決された。

　OHSMSのISO作成が3回見送られた一方で、ISOが2011年に実施した調査ではOHSAS18001（後述）の認証数は127カ国で9万件を超えるまで普及していることが判明した。このように世界中でOHSMSの国際規格作成の機運が高まっていることを踏まえ、2013年にISOとILO（国際労働機関）はOHSMSのISO作成の協力関係について議論を行い、同年に合意書を締結した。同年10月にはISO45001作成委員会としてISO/PC283（プロジェクト委員会）が設置され、ISO45001の作成が開始された。その後、4年半の審議期間を経て、2018年3月にISO45001が公表された。

　PC283は2018年4月にTC283（専門委員会）に変更され、2019年の時点では、ISO45003（職場の心理社会的リスクのための指針）及び小規模事業場向けISO45001ハンドブックを作成しているほか、ISO45001実践のための指針、OHSMSパフォーマンス指標のガイダンスの作成が提案されている。

2 JIS Q 45100が作成された背景

　日本の事業場では、健康づくり、KY（危険予知）活動、4S（5S）活動、ヒヤリ・ハット活動といった独自の安全衛生活動が従来から実践されており、これらの活動は労働災害防止に大きな効果を上げてきた。また、厚生労働省「労働安全衛生マネジメントシステムに関する指針」（以下、「厚労省OHSMS指針」という）においても安全衛生計画に盛り込むべき事項として、これらの活動が挙げられている。ISO45001を作成する国際会議において、日本は、労働災害防止に実績があるKY活動、4S活動などの安全衛生活動をISO45001に記載するよう主張をし続けてきた。この主張に賛同する参加国もあったものの、ISO45001という国際規格に取り入れるには活

動内容が詳細すぎるという理由で採用されなかった。

　ISO45001は国際規格であるため、先進国から途上国までどのような国でも活用できるよう大きな枠組みを示したものとなっている。そのため、わが国ではISO45001による国際的な通用性を図るとともに、日本の事業場に合った形で運用し効果を上げるためには、ISO45001と一体で運用できる追加的な仕組みや取組みを示すことが必要と考えられた。この課題を解決するために厚生労働省が経済産業省と協議した結果、日本独自の安全衛生活動等を取り入れた新たな日本工業規格（現在は日本産業規格）であるJIS Q 45100の開発を検討することとなった。JIS Q 45100の原案作成にあたっては、厚生労働省、経済産業省、日本経済団体連合会、日本労働組合総連合会、認証機関や審査員研修機関の協議会、認定機関等が委員となり、多角的な検討が行われた（事務局は日本規格協会と中央労働災害防止協会（以下、「中災防」という）の共同運営）。

　JIS Q 45100はISO45001を効果的に運用するための規格であることから、ISO45001の要求事項はJIS Q 45100に含まれている。イメージとしては、ISO45001に厚労省OHSMS指針を加えたものがJIS Q 45100である。すなわち、JIS Q 45001を運用することでISO45001の国際通用性を担保しつつ、厚労省OHSMS指針を満たすことで労働災害の減少、安全衛生水準のさらなる向上を図ることが期待される。なお、JIS Q 45100の認証を取得すると、ISO（JIS Q）45001とJIS Q 45100の2つの認証が取得できる。

3 厚生労働省の労働安全衛生マネジメントシステム指針について

　1998年、労働省（当時）は第9次の労働災害防止計画（1998～2002年度）において、PDCAサイクルから構成される新たな安全衛生管理手法の導入を図ることとした。学識経験者、労働者代表及び使用者代表からなる「労働安全衛生管理システム検討委員会」を中災防に設置し、労働安全衛生管理システムの検討を行った。その結果は、国際的な動向への対応、労使の全員参加、KY活動等の日常的な安全衛生活動の導入など、8項目にまとめられた。この検討結果を踏まえ、労働省（当時）は1999年にOHSMS指針を公表、2001年に公表されたILOガイドラインの内容に準拠させるため、2006年に改正を行った。また、近年の日本では健康経営や働き方改革への関心が高まっているが、国際的にもESG（環境・社会・ガバナンス）経営やSDGs（持続可能な開発目標）＊において「健康」は企業が取り組むべき課題とされている。このように従来にも増して「健康」を重要視するようになった社会情勢の変化を踏まえ2019年にも改正が行われた。

　労働安全衛生規則第24条の2では、「厚生労働大臣は事業場における安全衛生の水準の向上を図ることを目的として事業者が一連の過程を定めて行う次に掲げる自主的活動を促進するため必要な指針を公表できる」とされており、この条文が厚労省OHSMS指針策定の根拠となっている。従って、ISO45001やJIS Q 45100の対象者が「働く人」であるのに対し、指針では「労働者」が対象となっており、経営層やボランティアといった「労働者」に該当しない者は対象とはなっていない。

4 他のOHSMS規格の概要

　前述したようにOHSMSのISO化は3回見送られているが、その間にさまざまな組織や機関がOHSMS規格を公表しており、これらの規格を運用している企業も多い。ここでは、他のOHSMS規格の概要を紹介する。なお、ISO45001も後述の規格もそれぞれに特徴があるが、PDCAサイクルによって安全衛生水準の向上を目指すシステムという意味で基本的な内容に大きな差異はない。すなわち、後述の規格を運用している企業・事業場はすでにISO45001の多くの部分を実施していると言える。

＊SDGs（持続可能な開発目標）：2015年9月の国連サミットで採択された2016年から2030年までの国際目標。持続可能な世界を実現するための17の目標と、目標を具体化した169のターゲットから構成されている。SDGsは発展途上国のみならず、先進国自身が取り組むユニバーサル（普遍的）なものであり、日本も積極的に取り組んでいる。

① ILO労働安全衛生マネジメントシステムに関するガイドライン（ILO-OSH2001）

　前述のとおり1996年のISOワークショップでOHSMSのISO化が見送られた際、「政労使の三者構成をとるILOは効果的なOHSMSを開発する団体としてISOより適切である」との意見が各国から寄せられた。これを受け、ILOではOHSMSの検討を行い2001年にガイドラインとして公表した。

　ILO条約や勧告にせずガイドラインとしたのは、各国で幅広く実践されることを目指したからである。各国のOHSMSはILOガイドラインに基づき、それぞれの国の実情や慣行を考慮して策定されるべきものとしている。このため、ILOガイドラインは認証のための規格ではない。なお、ILOガイドラインはISO45001公表後も内容を変更していない。

② OHSAS（Occupational Health and Safety Assessment Series）18000シリーズ

　OHSMSのISO作成が３回見送られていた間に、ヨーロッパでは民間団体によるOHSMS認証規格が乱立するようになり、そのまん延を防ぐ必要が生じた。そこでBSI（英国規格協会）が中心となり、各国の有志がプロジェクトグループを結成し、1996年に発行された英国規格BS8800を基礎としたOHSAS18000シリーズを作成した。1999年に発行されたOHSAS18001は認証制度として利用可能なOHSMSの要求事項で、2000年に発行されたOHSAS18002はOHSAS18001を実施するための指針である。各国の意見が反映された規格であることから、OHSAS18001がデファクトスタンダードとして国際的に広く普及した。なお、OHSAS18001による認証は2021年３月に廃止されることとなっているため、OHSAS18001の認証を取得している事業場はその前にISO45001に移行する必要がある。

③ COHSMS（コスモス）（Construction Occupational Health and Safety Management System：建設業労働安全衛生マネジメントシステム）

　建設業に特化したOHSMS規格で、認証制度として使用されている。建設作業場では、一つの作業場に複数の会社が入る、作業場や作業内容が日々変化する、作業が有期であるなど、製造業とは違った実態がある。建設業労働災害防止協会（建災防）は、労働省（当時）OHSMS指針に基づき、なおかつ建設業の特性を考慮した「建設業労働安全衛生マネジメントシステムガイドライン」（コスモスガイドライン）を1999年に公表、厚労省OHSMS指針の改正に合わせ2006年に改正を行った。さらに2018年には、一人親方、自営業主、家族従事者、技能実習生、元方事業者の作業所長もCOHSMSの対象とする等の改正を行っている。

④ JISHA方式適格OSHMS認証

　JISHA（Japan Industrial Safety and Health Association）は中央労働災害防止協会の英語名の略称である。中災防では、1996年から運用していたJISHA安全衛生マネジメントシステム評価事業に労働省（当時）OHSMS指針を加え、さらに安全衛生水準向上のために必要な事項を盛り込んだ認定基準を作成し、2003年からJISHA方式適格OSHMS認証を開始した。中災防独自の基準であり、審査時には認定基準との適否だけでなく、安全衛生水準向上のための実務的な改善の機会を提示することが大きな特徴である。

5 ISO45001のPDCAサイクル

　PDCAサイクルとは、計画、実施、評価、改善というサイクルの要素の頭文字である。
- Plan（計画）：事業場の実態を把握し、安全衛生目標・計画を立てる。
- Do（実施）：計画を実施する。
- Check（評価）：目標の達成度や活動内容の有効性を評価する。
- Act（改善）：安全衛生水準の向上のため必要な改善を行う。

　PDCAサイクルはISO45001だけでなく、ISO9001（品質）、ISO14001（環境）、ISO27001（情報セキュリティ）など、他のマネジメントシステムでも基本的な考え方として用いられている。すなわち、品質であれ、環境であれ、労働安全衛生であれ、マネジメントシステム自体がPDCAサイクルで回るように設計されているのである（図2-1）。従って、ISO45001の要求事項に沿ってOHSMSを運用すれば、安全衛生管理が計画、実施、評価、改善という一連の継続性を持って自然にPDCAサイクルにより実行される。具体的には図2-1に示したように、ISO45001の箇条*6で計画を立て、箇条8で運用する。計画の進捗や活動の運用状況を箇条9で評価し、必要に応じて箇条10で改善を実施する。特に、日本の安全衛生管理では比較的弱いと言われていた「評価-改善」の機能が十分に働くことによって、従来にも増して事業場の安全衛生水準が継続的に向上することが期待できる（ISO45001の章立ては11ページ参照）。

＊箇条：規格の基本的な構成要素である項目番号のこと。JISで規定されており、「第1章、第2章」とは言わず、「箇条1、箇条2」と言う。

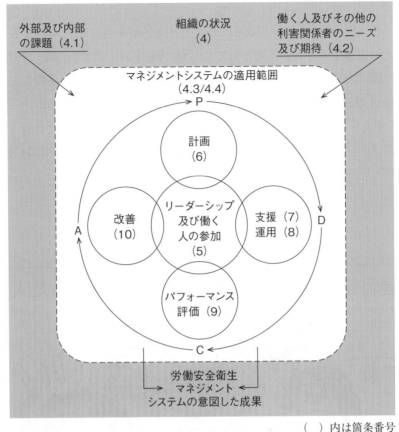

図2-1　ISO45001のPDCAサイクル

6 ISO45001を運用する上で注意が必要な用語

ISO45001には、厚労省OHSMS指針やOHSAS18001といった従前のOHSMS規格・基準とは異なった定義の用語も用いられている。ISO45001を運用する際に注意が必要な、特徴的な用語を以下に示す。

① 働く人

ISO45001の「働く人」は、「組織の管理下で労働又は労働に関わる活動を行う者」と定義されている。すなわち、労働安全衛生法で定義されている「労働者」はもちろん、経営層（トップマネジメント）、ボランティア、インターンシップ、見習い職人等も「働く人」に含まれる。ISO45001は雇用形態や有給無給に関わらず、労働に関わる活動を行っている者はどのような人でも疾病や負傷しないようにする、という概念が背景にある。

② プロセス

　厚労省OHSMS指針やOHSAS18001では、OHSMSを運用するためさまざまな「手順」を定め、実施することが求められているが、ISO45001では「手順」ではなく「プロセス」が要求されている。「プロセス」には「手順」に加えて、手順を手順通りに実行できる「力量を持った人」及び「適切な機械設備等」が含まれる。

　「手順」があっても、担当者の力量及び使用する設備が適切でなければ「手順」通りに実施することができず、十分な結果が得られなくなる。これがISO45001は「手順」ではなく「プロセス」を求めている理由である。

③ 意図した成果

　ISO45001では「意図した成果」という用語は27カ所で使用されている。ISO45001の「意図した成果」とは「働く人の労働に関係する負傷及び疾病を予防すること、及び安全で健康的な職場を提供すること」を意味している。この長いセンテンスを27回も使用すると本文が冗長になるので、「意図した成果」という表現を用いている。

④ 安全衛生リスク及びOHSMSに対するその他のリスク

　ISO45001には2種類のリスクがあり、一つは「安全衛生リスク」であり、もう一つは「OHSMSに関するその他のリスク」である。

　「安全衛生リスク」とは、働く人が労働に関係する負傷及び疾病を負うリスクを指す。一方、「OHSMSに関するその他のリスク」とは、組織のOHSMSがうまく運用できなくなってしまうようなリスクを指す。例えば、経営層の安全衛生に対する関与が薄かったり、安全衛生予算の削減などが考えられる。ISO45001では、この2つのリスクを評価し、必要に応じて取り組むことが要求されている。

⑤ 安全衛生機会及びOHSMSに対するその他の機会

　ISO45001原本では「opportunity」という単語をJIS Q 45001では「機会」と和訳しているが、適切な日本語が見当たらない概念である。ISO45001作成の国際会議でも数カ国から「opportunity」を適切な母国語に翻訳できないという意見があったが、「ISO45001ではopportunityとchanceは同義語と考える」という見解で各国の了解が得られている。すなわち、「機会」とは「状況が良くなるようなチャンス、好機」と考えればよい。

　ISO45001には2種類の機会があり、一つは「安全衛生機会」、他方は「OHSMSに関するその他の機会」である。「安全衛生機会」とは安全衛生パフォーマンスが向上するようなチャンス、好機を指す。日本の事業場が従来から実施している健康づくり活動、KY活動、4S活動、ヒヤリ・ハット活動などは、まさに安全衛生機会である。ウエアラブルモニターの使用による熱中症の予防など、新たな技術の導入も安全衛生機会になり得る。また、「OHSMSに対するその他の機会」とは、OHSMSが改善されるようなチャンス、好機を指す。例えば、内部監査の見直し、安全衛生スタッフの増員などが考えられる。

（中央労働災害防止協会　技術支援部次長　斉藤信吾）

第3章
安全と健康のバランスの取れた労働安全衛生マネジメントシステムを構築するために

　これからの労働安全衛生活動は、法令順守型からリスクベースの自律型にシフトしていくことが求められている。そして、継続的かつ自律的にPDCAを回していくためには、OHSMSをツールとして活用していく必要がある。現状では、ISO45001やJIS Q 45100を活用することが望ましい。

　また、近年、働き方改革や健康経営への取組みなどの企業への社会的要求を受け、安全と健康のバランスのとれたOHSMSを構築することが求められている。そのため、産業保健スタッフは、OHSMSを効果的に運用するために、OHSMSの骨格（基本方針、目標、パフォーマンス評価、内部監査、マネジメントレビュー、継続的改善という一連のプロセス）を理解するとともに、可能であれば内部監査員としての力量を身に付けることが望ましい。

1 はじめに

　現在の日本の労働安全衛生活動は、法令順守型から自律型へ移行する大きな転換期を迎えている。また、働き方改革や健康経営への取組みなどの企業への社会的要求が強まり、安全管理だけではなく、産業保健や健康増進活動を含めた包括的な労働安全衛生活動が求められている。このように、複数領域の活動のPDCAを継続的、かつ自律的に回していくためには、何らかのプラットフォームが必要であり、労働安全衛生の分野では、労働安全衛生マネジメントシステム（OHSMS）を活用することが望ましい。OHSMSとしては、2018年3月にISO45001が発行され、日本では、同年にJIS Q 45001とJIS Q 45100が発行された。

　そこで、本稿では、今までOHSMSとは無縁であった企業や担当者の方、産業医や保健師などの産業保健スタッフがISO45001やJIS Q 45100を効率的に活用するために必要な知見や情報を提供することを目指す。

2 OHSMSにおける自律的活動とは

　労働安全衛生の基本的な施策には、法令順守型活動と自律型活動がある。法令順守型活動は、文字通り法令を拠り所として活動内容を決め、法令を順守することによって、活動の成果を上げようとする方策である。一方で、自律型活動は、自律という言葉の通り、「他からの支配や助力を受けず、自分の行動を自分の立てた規律に従って正しく規制すること」を基本とし、自ら決めた基準に従って進めていく活動である。一方で、法令順守も、OHSMSで達成すべき目的であるため、自ら定めた規律と法令事項を併せて順守しながら活動の成果を上げていく必要がある。その際、自律型活動では、「法令で規定された活動事項を行った上で、それ以外の必要と思われる活動を追加的に実施する」のではなく、「活動の目的を達成する上で必要な活動事項を実施した上で、目標の達成上の必要性に関わらず法令順守を一つの規律と考えて最低限の活動を実施する」という考え方で進める。つまり、リスクベース（リスク評価に基づいて優先順位をつける意味と定義する）で判断して、必要な活動事項を自ら定め、法令事項を追加して、最終的な活動事項を実行していくことで自律型活動を遂行できる。

　ここで、日本の労働安全衛生活動に照らし合わせてみる。今までの日本の労働安全衛生活動は、ほとんどが法令順守型であった。一方で、グローバルには、1972年のローベンス報告以降、自律型の労働安全衛生管理が広がりをみせ、OHSMSとしてはISOではなく、OHSAS18001を基盤とした自律型の仕組みづくりが普及していた。

　日本で、大きな転機となったのは、2016年6月1日施行の化学物質のリスクアセスメントの義務化であった。元々、化学物質は年間数万件単位で新規化学物質が登録さ

れている状況で、法令で全ての化学物質をカバーすることは不可能である。リスクベースで考えれば、事業場で使用する全ての化学物質は、リスクアセスメントを行い、リスクが高い場合は、リスク低減対策を講じて、リスクが許容範囲になるようにする。また、残留リスクが高い場合は、モニタリングを行い、管理対策を強化する、というプロセスを踏むことを多くの事業者が経験するようになった。

その意味で、2016（平成28）年の労働安全衛生法の改正は大きな意味があった。法令順守型から自律型の化学物質管理へ大きく舵を切るべきである、という行政からのメッセージである。具体的には、労働安全衛生法が改正（2016年6月1日施行）され、SDS*交付義務の対象となる物質（2019年9月1日時点で673物質）について事業場におけるリスクアセスメントが義務付けられた。業種、事業場規模に関わらず、対象となる化学物質の製造・取扱いを行う全ての事業場が対象となり、製造業、建設業だけでなく、清掃業、卸売・小売業、飲食店、医療・福祉業など、さまざまな業種で化学物質を含む製品が使われており、労働災害のリスク低減のために、義務付けられている対象物質のみならず、対象物質に当たらない場合でも、リスクアセスメントを行う努力義務が事業者に課せられた。

これにより、今まで法令順守型の化学物質管理を行っていた企業の一部は、リスクアセスメントを実施して、リスクベースの活動にシフトするようになった。一方で、それでもなお、化学物質のリスクアセスメントは対象物質のみで、他の化学物質のリスクアセスメントは行わないとする、法令順守型に固執する企業もあり、本来のリスクベースの意味を理解していない状況が根強いことも実感している。このようなことが起こる背景には、元々、日本の労働安全衛生活動は、安全管理が中心で展開されており、多くの労働安全衛生部門は、安全管理の担当者で構成されている。そこに、化学物質のリスクセスメントを導入する話が来ても、消極的になるのは仕方がないのかもしれない。後述する健康管理に関しても同様である。日本の労働安全衛生管理が安全管理に偏っているのは、労働安全衛生部門に、衛生管理や健康管理の専門人材が少ないことが原因の一つになっている。さらに、リスクベースで自律型活動を行う場合、専門人材の有無が重要な要件となるということが確認できる。

3 OHSMSの骨格の理解

ここで、OHSMSの骨格について説明する。OHSMSの骨格は、基本方針、目標、パフォーマンス評価、内部監査、マネジメントレビュー、継続的改善であり、

＊SDS：「安全データシート」のSafety Data Sheetの頭文字をとったもので、事業者が化学物質及び化学物質を含んだ製品を他の事業者に譲渡・提供する際に交付する化学物質の危険有害性情報を記載した文書のこと。

OHSMSだけでなく、全てのマネジメントシステムに共通である。ISO45001では、それぞれ箇条5.2（労働安全衛生方針）、箇条6.2（労働安全衛生目標及びそれを達成するための計画策定）、箇条9.1（モニタリング、測定、分析及びパフォーマンス評価）、箇条9.2（内部監査）、箇条9.3（マネジメントレビュー）、箇条10.3（継続的改善）に該当する。マネジメントシステムを用いて、特定の目的を達成するためには、この骨格を理解する必要がある。

まず、OHSMSによって組織が何を達成しようとしているのか、その「目的」を組織トップが基本方針として表明し、それを組織内外に周知する。基本方針で目的が明確になっていれば、次に目的を達成するための必要十分条件を明確にする。そして、その条件を満たすために必要な取組みやルールをマネジメントシステムの設計図に組み込んでいくことによって、目的の達成が容易になる。しかし、どのような活動でもすぐに目的を達成できるわけではないので、一定の期間を決めて、当面の到達点を明確にしたものが目標である。目標が決まれば、目標を達成するために必要な取組みを計画として策定する。そして、計画に基づき活動を行った上で、目標の達成度の評価、すなわちパフォーマンス評価を行う。併せて、マネジメントシステムの適切性、妥当性、有効性を内部監査の方法で確認して、改善すべき点を監査の視点で洗い出す。目標の達成状況や内部監査の結果などの情報をもとに、トップマネジメント（通常は事業者であるが、1人でなくても可能）がレビューを行う。

レビューの際、目標が達成できていれば、次の期間に向けてより高い目標の設定を検討する。目標が達成できていなければ、その原因を分析してシステムを見直す必要がある。そして、マネジメントシステムの改善事項を明確にして、計画的に改善を図る（変更の管理）。そして、目標設定からの流れを繰り返すことによって、当初、基本方針で表現した目的を達成するという流れがマネジメントシステムのメインプロセスである。

4 OHSMS上で運用すべき労働衛生・産業保健活動項目

1）ISO45001における労働衛生・産業保健活動の範囲の考え方

マネジメントシステムは、基本方針として明確にした目的を達成するための仕組みであり、マネジメントシステムの上にはさまざまな目的の取組みを載せることができる。OHSMSを構築する際には、労働安全衛生の一部を対象とした仕組みでも、労働安全衛生の全体の仕組みでも、環境管理や他の目的と統合した仕組みでも、マネジメントシステムは成立するため、その範囲を明確にしておく必要がある。ISO45001では、OHSMSを「労働安全衛生方針を達成するために使用されるマネジメントシステム又はマネジメントシステムの一部」と定義している。また、労働安全衛生方針を

「働く人の労働に関係する負傷及び疾病を防止し、安全で健康的な職場を提供するための方針」としている。さらに、「負傷及び疾病」は、「人の身体、精神又は認知状態への悪影響」と定義されている。

「働く人の労働に関係する負傷及び疾病を防止」と「安全で健康的な職場を提供」は、原文では"AND"で結ばれているため、この2つを目的とした方針を定めることが求められているが、主目的は前者の労働に関係する負傷及び疾病の防止である。「負傷」、すなわち労働災害の防止と、「疾病」、すなわち職業性疾患や作業関連疾患の防止を目的とすれば、そのために取り組む労働衛生・産業保健活動は、作業環境や作業に存在する健康障害リスクの低減とともに、労働者の健康面での職務適性の管理が最低限の要素となる。さらに、「安全で健康的な職場環境を提供」に関して、ISO45001では「健康的」の定義がされていないが、WHOの定義では「健康とは、病気でないとか、弱っていないということではなく、肉体的にも、精神的にも、そして社会的にも、全てが満たされた状態にあること」であり、そのような状態を目的とした健康増進の施策を含む幅広い産業保健活動を範囲とすることができる。

2）OHSMS上で運用すべき活動項目の選定の考え方

OHSMS上で運用すべき活動項目を決めるのはトップマネジメント（通常は事業者であるが、1人でなくても可）である。実際に、活動項目を選定する際には、次の2つの注意点を確認してほしい。

1点目は、OHSMSは、「3　OHSMSの骨格の理解」で論じた通り、基本方針、目標、パフォーマンス評価、内部監査、マネジメントレビュー、継続的改善の一連のメインプロセスが含まれていることである。基本方針、目標という上位文書（上流）から順に、整合性の取れたPDCAの管理が求められるため、基本方針を達成するために、一定の期間内の目標を定めて、その目標に必要な活動項目はOHSMS上で運用すべきである。よって、活動項目の選定は、どのような目標設定をするかによって大きく異なる（「6　OHSMS上の目標設定における産業保健の位置付け」参照）。

2点目は、組織において、OHSMSに限らず、さまざまな仕組みが導入されている中で、本社の主管部署が異なることから、現場では重複作業が発生したり、同じ項目で異なった指示（ダブルスタンダード）が示されたり、現場の非効率な作業、ストレスフルな作業を生んでいることである。重複作業やダブルスタンダードをなくすためには、同じプラットフォーム（OHSMS）上で運用し、活動項目の集約と統合を試み、無駄を省くことが重要である。

3）OHSMS上で運用しなくてもよいと思われる活動項目

OHSMS上で運用しなくてもよい活動項目を考えてみた。

・小さなPDCA（1つの活動項目のプロセス）がしっかりと運用されており、高いパフォーマンスが確認できているもの
・あいさつや礼儀など、モラルや常識の範囲で考えることで、ルールで強制すべき内容ではないもの（実際には、国民性や文化、習慣によりルールが必要になるときがあるもの）

実際に、考えてみると、OHSMS上で運用しなくてもよい活動項目はあまり思い浮かばなかった。なぜなら、これらがルールとして定義された場合に、OHSMS上で運用しても大きな問題を生じないからである。結論としては、国民性や文化、習慣、従業員の集団特性、組織の考え方などを踏まえて、OHSMS上で運用する/しないの判断は、事業者が行うということである。

コラム 「雨の日の傘」

玄関の床が滑りやすく雨の日の転倒インシデント（事故・けがに至らない事象）が起こった場合、雨の日に傘を持ってきた来訪者に対して、「傘の水しぶきを落としてから屋内に入ってください」という表示はしても、「雨の日の来訪者の傘のしぶき落とし手順書」を作り、OHSMS上の管理文書として運用し、雨の日に来訪者がしぶきを落としているかどうかモニタリングするかというと、おそらくそれは実施しない。一方で、転倒インシデントの後に、傘立ての位置の修正、濡れにくい床又は滑りにくい床に変更するなど、インシデントからのリスク評価、リスク低減対策は、OHSMS上のプロセスで実施されていると考えれば、雨の日の傘の取り扱いでさえ、すでにOHSMS上で運用しているとも言える。

このように、サイト（OHSMS上で定めた適応範囲の一単位で一般的に事業所のこと）内の全ての労働安全衛生活動を含めるか、一部の活動のみを選定して、OHSMS上で運用するかは、事業者次第である。自律型活動である限り、自ら範囲を設定し、自ら活動事項を選定するというスタンスで進めてほしい。

5 OHSMS上の基本方針における産業保健の位置付け

　労働安全衛生方針（基本方針）は、ISO45001の要求事項を満たした上で、それぞれの企業や事業場の目的に合った方針を作成する。基本方針は目的の具現化であり、その目的を達成するために必要十分条件を仕組みとして構築したものがOHSMSである。そのため、基本方針は、目的や計画（取組み）の範囲がある程度想定できるような具体的な記述が望ましい。特に、産業保健の要素として、①作業環境や作業に存在する健康障害リスクの低減、②労働者の健康面での職務適性の管理、③労働者の健康保持増進、④健康的で快適な職場環境の形成、を加えるとよい。その際、それぞれの組織に適合した表現で記述する。

　いずれにしても、基本方針は、OHSMSの目的や計画（取組み）の範囲を規定する極めて重要な文書であることを意識して作成するべきである。労働安全衛生方針は、原文では"Occupational Health and Safety Policy（職場における健康と安全に関する基本方針）"であることに鑑み、基本方針には、安全と健康のバランスが取れた文章が記述されることが望ましい。

6 OHSMS上の目標設定における産業保健の位置付け

　ISO45001では、労働安全衛生目標は、「労働安全衛生方針（基本方針）と整合している」ことや「測定可能である、又はパフォーマンス評価が可能である」ことを要求事項としている。

　まず、基本方針で具体化した目的は一足飛びでは達成できない。当面の到達点を明確にしたものが目標であるので、「目標が基本方針と整合している」ことは当然である。そこで、基本方針に記載された健康に関わる事項について、どのような指標を用いて目標設定するかが鍵となる。目標を設定すれば、モニタリングする必要があるため、目標の数が多ければ多いほど、モニタリングと評価が大きな負担となる。基本方針に含まれる要素の達成状況を反映できる指標を多くの候補から選定することが必要になる。

　仮に、基本方針に産業保健の4つの要素である①作業環境や作業に存在する健康障害リスクの低減、②労働者の健康面での職務適性の管理、③労働者の健康保持増進、④健康的で快適な職場環境の形成、という①から④の全てが盛り込まれた場合、それぞれの達成度について、どのような指標を用いて評価することが適当か、十分に検討しなければならない。

　ISO45001では、パフォーマンスは「測定可能な結果」と定義されている。ただし、その測定は、定量的又は定性的な所見のいずれにも関連し得るとされている。しか

し、マネジメントシステムによる評価は可能な限り定量的なものとして、明確な数値目標を設定することが望ましい。なぜなら、レビューの際、目標が定量的であれば、達成できたかどうかを明確に判断できる。目標が達成できた際は次の期間に向けてより高い目標の設定を検討し、目標が達成できなかった際はその原因を分析して是正するといった継続的改善を実行しやすい。一方で、目標が達成されたかどうかが不明確であれば、改善に向けた検討が阻害される可能性があるからである。つまり、目標とは、"評価指標＋数値目標"と考えるとよい。また、評価指標は分母と分子がそれぞれ何なのか、明確に定義しなければならない。

7 安全と健康のバランスの取れたOHSMSの導入

1）労働"安全"マネジメントシステムになっている背景

　日本の労働安全衛生活動は、安全管理が中心で展開されてきた。OHSMSを導入している企業であっても、多くは労働"安全"マネジメントシステムであり、健康領域（ここでは労働衛生・産業保健の双方）がカバーされていないことが多い。その理由として、OHSMSはリスクベースで自律型活動を行う必要があり、専門人材の関わりが不可欠であるにも関わらず、労働衛生・産業保健の専門人材の関わりが少なかったことが挙げられる。

　一方で、日本の産業保健は、法令でも厳しい条項がある。特に、労働安全衛生法第66条には、事業者は一般健康診断を実施し、労働者は受診しなければならない、事業者は有所見者に対する意見を産業医から聴取し、必要に応じて就業上の措置を講じなければならない、健康の保持に努める必要がある労働者に対し、医師又は保健師による保健指導を行うように努めなければならない、と規定されている。このように一般健康診断を事業者と労働者の双方に義務付けている国は日本だけである。改めて考えると、日本の産業保健体制は、特有の健康診断の枠組みがベースとなっていたことに加えて、診療所機能と一体で運営することが多かったため、産業保健部門は企業内の労働安全衛生活動とは協働せずに、別組織で運営されていたと考えられる。

2）リスクベースの産業保健活動にOHSMSを活用する

　日本の安全衛生担当者、産業保健スタッフの中には、あまりに産業保健の法令の枠組みが厳しいために、法令ベースでしか考えられなくなっている人が多くなっている。もともと、労働安全衛生活動、産業保健活動は、リスクベースで考えるべきであり、ハザードの特定、リスク評価、リスク低減対策の実行、残留リスクの管理、モニタリングなどのPDCAをしっかりと回していく活動が必要である。このステップは、OHSMSのプロセスそのものである。しかし、多くの安全衛生担当者や産業保健ス

タッフは、そのことを知らないまま、どちらかというと、OHSMSは文書が多くなる、手間が増える、監査が面倒であるなどの意見が多い。その意識を変えていかなければならない。当初は、マニュアルや手順書、記録様式、監査報告書など作成するものが多く、工数がかかるが、本来あるべき文書がなかっただけであり、一定のクオリティで実行するためには、文書管理と記録、様式統一などは、OHSMSの有無に関わらず、必要である。その意味で、OHSMSの導入により、日常業務の標準化や精度の向上につながる。また、現在の業務を文書化することで、業務の非効率な部分や不要な部分が見えて、業務の改善、効率化が図れるというメリットがある。

8 JIS Q 45100の活用方法について

　2018年9月28日にJIS Q 45001及びJIS Q 45100が厚生労働省より公示され、国内でのISO45001の運用・認証等が本格的に始まった。JIS Q 45001は、ISO45001のJIS版として発行されたものである。一方で、JIS Q 45100は、日本独自のJIS Q 45001シリーズとして、「JIS Q 45100」と命名された。JIS Q 45100の大きな特徴の1つは、厚労省OHSMS指針の要件を含めたことである。もう1つは、KY（危険予知）、4S（5S）活動などの既存の労働安全衛生活動に加えて、健康診断、健康増進などの健康確保への取組みを含めた具体的な施策を要求事項の参考として付け加えたことである。JIS Q 45001及びJIS Q 45100の詳細は、本書（第2章の2。20ページ）に記載されている。ここでは、JIS Q 45100の特徴の1つである附属書A（参考）の活用方法について説明する。

　ISO45001及びJIS Q 45001の発行は、リスクベースで自律型の労働安全衛生活動を推進できる大きな機会となると期待している。さらに、JIS Q 45100では、働き方改革や健康増進、健康経営などを推進する社会的気運の高まりを受けて、安全管理のみならず、労働衛生・産業保健活動を積極的に推進できるような仕組みづくりを目指している。

　本来、OHSMSの規格に具体的な活動項目を記載するべきではないが、JIS Q 45100発行を機に事業者が労働安全衛生活動への取組みを強化することを期待して、附属書A（表3-1）には、労働安全衛生目標を達成するための計画策定などに参考となる活動項目が記載されている。一方で、前述の通り、日本の労働衛生・産業保健活動の多くは、法令で規定されていることから、法令で要求されている活動項目を省くと、労働衛生・産業保健活動の全体像が見えなくなってしまうため、法的要求事項を含めて、①法令要求関連事項、②労働安全衛生リスク関連事項、③安全衛生活動及び健康確保関連事項、④安全衛生教育及び健康教育関連事項の4つの分類で活動項目が整理されている。当然、①は法的要求事項として、必須項目となるが、②から④は、

表3-1　JIS Q 45100附属書A（参考）

取組み事項の決定及び労働安全衛生目標を達成するための計画策定などに当たって参考とできる事項

これらの事項は、6.1.1、6.1.2.2、6.1.2.3、6.1.3、6.1.4及び6.2.2.1において用いる。

領域		項目	①法令要求関連事項	②労働安全衛生リスク関連事項	③安全衛生活動及び健康確保関連事項	④安全衛生教育及び健康教育関連事項
全般	1	衛生委員会／安全委員会／安全衛生委員会の開催	○			
	2	安全衛生教育（法定教育：雇入れ時・作業内容変更時教育及び職長教育）	○			
	3	危険予知活動（KYT、指差呼称など）			○	
	4	4S／5S活動			○	
	5	ヒヤリ・ハット活動			○	
	6	ヒューマンエラー防止活動（危険等の見える化、注意喚起表示など）			○	
	7	安全衛生改善提案活動			○	
	8	類似災害防止の検討			○	
	9	作業規程、作業手順書の整備、周知及び見直し			○	
	10	安全衛生パトロール（法定：安全管理者、衛生管理者及び産業医の職場巡視）	○			
	11	安全衛生パトロール（法定外：トップマネジメント、管理監督者、安全衛生委員会など）			○	
	12	始業時ミーティング（安全／衛生／健康管理チェック）			○	
	13	労働者の応急救護訓練（AEDの使い方も含む。）				○
	14	安全衛生意識向上のための活動（安全衛生大会、週間・月間活動、安全衛生表彰、事例発表、安全衛生標語の募集など）			○	
	15	受動喫煙対策			○	
	16	中高年労働者にやさしい職場づくり			○	
	17	計画的な有資格者の育成（免許取得、技能講習受講など）	○			
	18	元方事業者にあっては、関係請負人に対する措置（参考文献を参照）	○			

領域		項目	①法令要求関連事項	②労働安全衛生リスク関連事項	③安全衛生活動及び健康確保関連事項	④安全衛生教育及び健康教育関連事項
安全衛生共通	1	安全点検など（法定：定期自主検査、特定機械等の性能検査など）	○			
	2	安全点検など（法定外）			○	
	3	安全衛生教育（法定教育：雇入れ時・作業内容変更時教育、特別教育、職長教育など）	○			
	4	安全衛生教育（法定外教育：経営者、管理者、技術者教育など）				○
	5	労働安全衛生リスク［労働安全のリスク全般に関すること（化学物質に関することを除く。）。］の調査及びリスク低減対策（参考文献を参照）		○		
	6	特定の起因物（機械、電気、産業車両など）による災害防止対策	○		○	
	7	特定の事故の型（墜落・転落、転倒、挟まれ、巻き込まれなど）による災害防止対策	○		○	
	8	特定の作業時（非定常作業、荷役作業、はい作業、車両運転など）の災害防止対策	○		○	
	9	交通事故（通勤災害も含む。）による災害の防止対策			○	
	10	保護具の管理（選定、着用、保管など）	○		○	
	11	安全保護具（安全帯、保護帽、安全靴など）の着用教育				○
	12	危険体感教育				○
	13	作業環境測定	○			
	14	作業環境改善（局所排気装置の設置など）	○		○	
	15	特殊健康診断（計画から実施）	○			
	16	健診判定（有所見者に対する医療区分・就業区分判定）、事後措置（精密検査、就業制限、配置転換など）	○			
	17	労働安全衛生リスク［労働衛生のリスク全般に関すること（化学物質に関することを除く。）。］の調査及びリスク低減対策（参考文献を参照）		○		
	18	労働安全衛生リスク（化学物質に関すること。）の調査及びリスク低減対策（参考文献を参照）	○	○		
	19	化学物質SDSの管理・活用			○	
	20	人間工学（エルゴノミクス）手法を用いた改善			○	
	21	物理的有害要因の対策（熱中症、騒音など）	○		○	
	22	化学的有害要因の対策（発がん物質、特化物、有機溶剤など）	○		○	
	23	粉じん・石綿などの対策	○		○	
	24	衛生保護具（防じんマスク、防毒マスクなど）の教育（フィットテストなど）				○
	25	化学物質管理教育（有害性・SDSの活用方法など）				○

領域		項目	①法令要求関連事項	②労働安全衛生リスク関連事項	③安全衛生活動及び健康確保関連事項	④安全衛生教育及び健康教育関連事項
健康	1	一般健康診断（計画から実施）	○			
	2	健診判定（有所見者に対する医療区分・就業区分判定）、事後措置（精密検査、受診勧奨、保険指導）	○			
	3	適正配置（就業上の措置、復職支援、母性健康管理など）	○			
	4	ストレスチェックの実施及び個人対応（医師の面接指導）	○			
	5	ストレスチェック結果の集団分析に基づく職場環境改善			○	
	6	過重労働対策（労働時間管理、労働時間の削減、医師の面接指導など）	○		○	
	7	メンタルヘルス対策（体制整備、四つのケア及び医師の面接指導）			○	
	8	メンタルヘルス教育（管理監督者、一般職など）				○
	9	感染症対策（結核、インフルエンザなど）			○	
	10	健康教育（生活習慣病予防、感染症予防、禁煙教育、睡眠衛生教育など）				○
	11	働き方改革の対策1（時間外労働の削減、勤務間インターバル制度導入など）			○	
	12	働き方改革の対策2［治療と仕事の両立に向けた支援（がん就労支援など）］			○	
	13	働き方改革の対策3（ハラスメント対策）			○	
	14	健康保持増進の取組み（THP活動、職場体操、ストレッチ、腰痛体操、ウォーキングなど）			○	

注記1 "全般領域"及び"健康領域"については、全ての組織が参考とすることができる。
注記2 "安全衛生共通領域"については、特に危険有害業務をもつ組織が参考とすることができる。
注記3 それぞれの項目における、①法令要求関連事項、②労働安全衛生リスク関連事項、③安全衛生活動及び健康確保関連事項、④安全衛生教育及び健康教育関連事項の区分の○印は、一般的に区分したものであって、個別のケースにおいては、異なる区分に該当する場合もある。
注記4 ①法令要求関連事項は、計画的に取り組むことが推奨される事項を抜粋したものであり、全ての法令要求関連事項を掲載したものではない。
注記5 "項目"欄について、取組みの趣旨が同一であれば、組織が決定した取組み事項が、それぞれの項目の名称に一致していなくてもよい。

OHSMS上、その他の要求事項として規定すれば、OHSMS上は法令と同様の扱いで実施しなければならない。企業の規模、専門人材の有無、予算の有無、事業者の方針などを考慮して、活動項目を選定し、OHSMS上で運用していくことを期待している。毎年、ステップバイステップで、1項目ずつでも追加していくように検討していただきたい。

さらに、多くの中小企業では、OHSMSの導入に際して、専門人材がいない、予算が不足している、製造現場が対応できないなどの状況が想定される。その場合は、JIS Q 45100認証の取得は必須と考えず、附属書Aを参考に、1つでも2つでも労働衛生・産業保健領域の活動項目を選定し、事業所の活動として展開していただきたい（なお、中小企業での取組みについては第10章参照）。

9 産業保健スタッフのOHSMSに関する力量について

リスクベースで自律型の労働安全衛生活動を行う場合には、専門人材が必要であると述べた。それでは、日本では、どのような人材がOHSMSに関わりを持っているのであろうか。グローバル企業では、いくかのパターンがある。一つは、マネジメントシステム/ISO部門と労働安全衛生部門が独立している場合、OHSMS/ISO45001のシステム管理はマネジメントシステム/ISO部門が担当し、労働安全衛生部門はシステム内のコンテンツの作成や実際のパフォーマンスに関わる部分を担当するパターンである。この場合、他の部門同様に、OHSMS/ISO45001に関する最低限のシステムに関する知識、可能であればISO45001内部監査員ができる程度の基礎的な力量が要求される。

もう一つは、労働安全衛生部門がOHSMS/ISO45001のシステム管理を行っているパターンである。こちらは、OHSMS/ISO45001のシステム管理者を労働安全衛生部門が担当することになり、OHSMSを運営する上での全ての知識、OHSMS/ISO45001の外部審査に対応できるレベルの力量が要求される。

産業保健スタッフのOHSMSの力量はどうかというと、労働安全衛生部門に産業保健部門が従属している場合でも、そうでない場合でも、産業保健部門として、少なくとも1名はISO45001内部監査員レベルの知識が要求され、他のスタッフは可能であれば同等の力量を持つことが望ましい。

産業保健スタッフは、労働衛生・産業保健活動計画の策定と実行、パフォーマンス評価、評価に基づく見直しを行う役割を担っている。本章「3　OHSMSの骨格の理解」に記述した通り、OHSMS上で、労働衛生・産業保健のPDCAを回していく際に、必要なプロセスを理解しておく必要がある。

OHSMS/ISO45001の運用の経験がない産業保健スタッフは、マネジメントシステ

ム自体に戸惑うことが多い。そもそも、「何でマネジメントシステムを使う必要があるのか」、「現状問題なく実行できているのに、わざわざ文書を作る必要があるのか」などの疑問を持つ。その際、「現状のパフォーマンスを自律的かつ継続的に達成可能であるか」、「現在の職場でスタッフが代わった場合や他の事業所に水平展開した場合、同様のパフォーマンスが達成可能か」を考えてほしい。マネジメントシステムは、目標を設定し、計画のPDCAを確実に実行するためのツールである。組織で定めた目標に向けて、自律的かつ継続的にパフォーマンスが維持されるためには、マネジメントシステムはとても良いツールである。もちろん、担当する専門人材の力量が高ければ、より高いパフォーマンスを得られる可能性がある。おそらく、実際に、OHSMS上で労働衛生・産業保健活動を行ってみて、1年間PDCAを回し、内部監査、マネジメントシステムレビューによる見直し、次年度の計画策定までを経験すること、また、その大きなPDCAの他の事業所への展開を経験することにより、その担当者の中で、マネジメントシステムの付加価値が大きく高まる。特に、言語、宗教、文化の違う地域で確実にPDCAを回していくには、何らかのプラットフォームが必要であり、OHSMSは、労働衛生・産業保健施策を推進するためのプラットフォームとして、実効性が高い仕組みである。

🔟 安全衛生と健康経営を統合したOHSMSを目指す

　産業保健活動だけではなく、健康増進施策、健康経営施策を含めたOHSMSを目指すためには、事業計画のKPI（Key Performance Indicator：重要評価指標）、OHSMS上の目標設定に、明確な数値目標を掲げることが重要である。健康増進施策に数値目標を設定することは難しいと考えられる傾向があるが、OHSMSでは、できる限り定量的に、評価することが求められているため、何らかの数値目標を掲げ、目標に向けてPDCAを進めていくことに大きな意義がある。目標は達成することが望ましいが、達成できなかった場合、「なぜ達成できなかったのか」、「どうしたら達成できるのか」、あらゆるインプット情報をもとに、トップマネジメントがレビュー（OHSMS上ではマネジメントレビューと呼ぶ）をして、改善計画を立てるルールになっている。このように、トップマネジメントの見直しの機会があることは、トップの意思が大きく反映する仕組みであり、健康経営の体制としてとても効果的である（なお、KPIの詳細については第7章参照）。

　また、健康経営では、情報管理と情報開示が重要な要素であるが、OHSMSは多くのインプット情報を確実に収集し、分析する仕組みを持つことが可能である。さらに、文書、記録などの体系がしっかりしていることから実証性を担保できることなど、健康経営の仕組みとしても適している。

11 おわりに

　企業において、労働安全衛生活動を実行する際は、リスクベースで自律型活動を行うことが大切であることは述べた。そのためには、OHSMSなどのマネジメントシステムを活用することが最も効率的であり、OHSMSをいかにツールとして上手に活用していくかが重要である。OHSMSは、安全と健康のバランスの取れたシステム構築が望まれており、それぞれの専門人材にOHSMSを運用するための力量が求められている。特に、われわれ産業保健分野の専門人材は、今までマネジメントシステムに触れることが少なかったが、ISO45001、JIS Q 45100が発行されたことで、労働衛生・産業保健活動をOHSMS上で運用することが求められる。その際、OHSMSの骨格とメインプロセスを理解するとともに、OHSMS上で、自らの活動のPDCAを確実に回していける力量を持つことが期待される。

　昨今の働き方改革や健康経営のように、社会的ニーズは常に変化していく。人生100年時代を迎えて、産業保健、健康増進分野の課題はますます増加し、複雑化していくことが予想される。われわれ専門人材には、事業者と協働し、OHSMSを活用することにより、時代とともに変化する課題に対して、確実に問題解決を進めていける仕組みづくりが求められている。

HOYA株式会社
HOYAグループ環境・安全衛生・健康・ISO執行責任者
兼HOYAグループ総括産業医　小林祐一

第4章
労働安全衛生マネジメントシステムの各要素と産業保健プログラム

　OHSMSを用いて産業保健プログラムを展開して成果を上げるためには、健康配慮義務を果たすための基本ステップに関わる活動事項を、以下の5つの手順に整理してシステムに盛り込んで継続的改善を図りながら運用すること、そして産業保健専門職の参画と役割を果たすことができる力量が不可欠である。

　ISO45001に用意された2つの計画のうち、
「1　取組みの計画」に結び付く
　①　決定したリスク及び機会
　②　法的要求事項及びその他の要求事項
　③　緊急事態への準備
と、
「2　目標を達成するための計画」への
　④　インプットである目標
　⑤　「変更の管理」

1 はじめに

　労働安全衛生マネジメントシステムは、英語ではOccupational Health and Safety Management System（OHSMS）である。しかし、これまでに日本で導入されているOHSMSの多くが安全リスク管理に比べて健康リスク管理の取組みが弱いという現状があった。OHSMSを基盤として、健康リスク管理を基本とした産業保健プログラムを実践するためには、法令順守型活動から離れ、労働安全衛生の自律的管理の基本を理解する必要がある。そのうえで、産業保健活動の各プログラムをOHSMSの各要素に落とし込んだシステムを構築し、それを実践することが求められる。

2 OHSMSの手順の中での産業保健の具現化

1）OHSMSで運用する産業保健活動の基本

　前章で述べられている通り、労働安全衛生の基本的な取組みには、法令順守型活動と自律型活動がある。法令順守型活動は、文字通り法令を拠り所として活動内容を決め、法令を順守することによって、活動の成果を上げようとする方策のことである。一方の自律型活動は、自律という言葉が「他からの支配や助力を受けず，自分の行動を自分の立てた規律に従って正しく規制すること」と定義されるように、自ら決めた基準に従うことが基本となる活動である。OHSMSでは、自律型活動が求められる。もちろん、法令順守もOHSMSで達成すべき目的であるため、自己の規律と法令事項を併せて順守しながら活動の成果を上げていくことになる。その際、自律型活動では、「法令で規定された活動事項を行った上で、それ以外の必要と思われる活動を追加的に実施する」のではなく、「活動の目的を達成する上で必要な活動事項を実施した上で、目標の達成上の必要性に関わらず法令順守が一つの規律と考えて最低限の活動を実施する」という考え方を取る。

　そのことを前提とすれば、法令の条文を使わずに、「働く人の労働に関係する負傷及び疾病の防止」を達成するために必要な産業保健活動の基本戦略又は要求事項を明らかにしておかなければならない。産業保健には、安全配慮義務又は健康配慮義務を果たすための３つのステップから成る基本的戦略が存在する。第１ステップは、健康障害要因に対するばく露を許容レベル以下にすることである。一般に許容レベルは、ほとんど全ての労働者に対して健康障害が生じないレベルと定義され、化学物質の場合の許容濃度に相当する。その際、"全て"ではなく、"ほとんど全て"となっているのは、例外的な健康状態や特性の労働者にまで第１ステップで管理することは現実的ではないためであり、第２ステップでは、そのような例外的な健康状態や特性の労働者を守るために、職務適性に応じた就業上の配慮を行う。さらに、第３ステップで

は、見落としや予期せぬばく露による健康障害の発生を早期発見するために特殊健康診断などの方法で、仕事による健康への影響を評価する。これらのステップに相当する手順をOHSMSに盛り込み運用することによって、「働く人の労働に関係する負傷及び疾病を防止」を達成することが可能となる。

2) 計画に結び付く流れ

　マネジメントシステムは、継続的改善の流れであるPlan-Do-Check-Actで運用される。ある活動が実行（Do）されるためには、計画（Plan）に盛り込まれることが基本となる。ISO45001では、「取組みの計画」と「目標を達成するための計画」を策定することが求められている。このうち、「取組みの計画」は、①決定したリスク及び機会に対処する、②法的要求事項及びその他の要求事項に対処する、③緊急事態への準備をし対応する、の3つの事項の取組みを計画しなければならないとされている。

　以上を考慮すると、産業保健活動をOHSMSの中で計画的に実行するためには、

- 労働安全衛生リスク及びOHSMSに対するその他のリスクとして評価されるか
- 労働安全衛生機会及びOHSMSに対するその他の機会として評価されるか
- 法的要求事項であるか
- 企業や事業場としてその他の要求事項として位置付けるか
- 緊急事態への準備に必要な活動として位置付けるか
- 安全衛生目標を達成するための取組みとして位置付けるか、

のいずれかに該当する必要がある。従って、本来行うべき産業保健活動を分解して、計画策定にアウトプットされるプロセスに載せる必要がある。

　ここでいうプロセスとは、「インプットをアウトプットに変換する、相互に関連する又は相互に作用する一連の活動」と定義されている。すなわち計画策定のプロセスを経て計画に含められるためには、その前のプロセスにおいてアウトプットされる必要があり、そのアウトプットが次の計画策定のプロセスにインプットされるということである。また、プロセスとは、手順だけでなく、「手順を実行できる力量を持った人」及び「手順を実行できる適切な機械設備等」が含まれる概念であり、OHSMSで役割を果たす上で産業保健スタッフの力量が重要であることは後述する。

　いずれにしても、前述の安全配慮義務又は健康配慮義務を果たすための3つのステップの手順を、計画策定を経て運用に結び付くプロセスに具現化すれば、OHSMS上で産業保健の目的を達成できることになる（図4-1、図4-2）。

　近年、産業保健の基本プロセスは、健康の保持増進を新たなステップとして追加する必要性が高まっている。というのは、労働者の高齢化が進めば、例外的な健康状態の労働者が増え、第2ステップでの特別な配慮が必要となる割合が増加するためであり、健康レベルを向上させ、就業配慮の対象となる労働者を減らすことも重要である

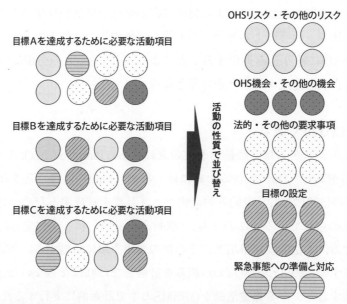

図4-1　実施項目のマネジメントシステムの中での再整理

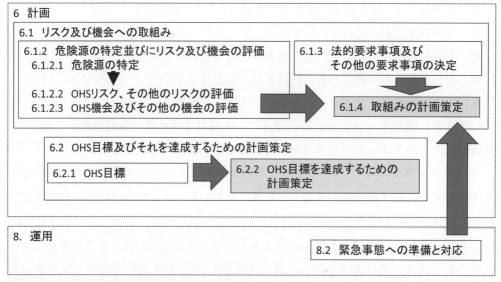

図4-2　2つの計画へのインプット

ためである。さらに、「『企業が従業員の健康に配慮することによって、経営面においても大きな成果が期待できる』との基盤に立って、健康管理を経営的視点から考え、戦略的に実践すること」とする健康経営の概念をOHSMSに統合すれば、これまでの産業保健の範囲を超えたより予防的な取組みをOHSMSに統合して、健康経営の概念を共通の基盤として実現することが可能となる。

3) 労働安全衛生リスクの評価

衛生リスクの評価は、危険源の特定とリスクの見積りの2段階で行われる。健康障害を引き起こす恐れのある危険源は健康障害要因と呼び、有機溶剤や重金属などの化学的健康障害要因、騒音や暑熱などの物理的健康障害要因、細菌や昆虫などの生物的健康障害要因、重量物や繰返し作業などの人間工学的健康障害要因、精神的ストレスや長時間労働などの心理社会的健康障害要因に分類される。定常的な活動及び非定常的な活動に存在する健康障害要因を網羅的に特定した上で、それらについてリスクの見積りを行う。そして、リスクが許容できない場合にはリスク低減のための措置を、リスクが許容できる場合にはその維持を計画に盛り込み運用することになる。その際、全ての危険源に対応することは不可能であり、よりリスクが高い危険源への対応が優先される。

4) 法的要求事項及びその他の要求事項の明確化

リスクや機会の評価の対象とならない定常的に実施又は順守すべき産業保健手順については、法的要求事項又は企業や事業場で決めたその他の要求事項として明確にすれば、OHSMSの計画にインプットされることになる。その際、法的要求事項であっても、その他の要求事項であっても、順守評価の対象となる。しかし、自律的活動においては、まず実施すべき要求事項を明確にした上で、便宜的に法的要求事項とその他の要求事項に分類することが基本である。ただし、自律的活動において実施すべき要求事項が法的要求事項を全て網羅しないことが予想されるため、事業場に適用される法令の要求事項は結果的にリストアップされ、全てのOHSMS上の手順として位置付け、順守評価の対象としなければならない。

5) 緊急事態への準備

労働安全衛生リスクを確実に管理してもリスクはゼロにはできないため事故が発生する。また、自然災害などの予期せぬ緊急事態が発生する。このような事態に適切に対応するためには緊急事態の潜在可能性を特定して、それに備えた準備を行うことが必要となる。

産業保健の貢献が期待される緊急事態は、感染症のアウトブレイクのような健康危機だけでない。おそらく全ての危機事態において、直接的又は間接的に健康への悪影響を受ける労働者が存在する。そのため、常に健康への悪影響を考慮して緊急事態への対応組織の設置や計画策定にあたる必要がある。また、緊急事態に備えた訓練や備品の保守も必要となり、取組みの計画に盛り込み、運用することが必要である。

6）労働安全衛生目標及び達成するための計画策定

　産業保健活動には、あらかじめ手順として用意されていなくても、労働者の健康課題に対して目標を決めて、その達成のための計画を策定して実行することがある。OHSMS上でも、労働安全衛生目標として明確にすれば、それを達成するための計画策定にインプットされる。

　例えば、事業場の喫煙率が他の事業場に比べて高いという課題があったとすれば、喫煙率の低下を目標として、それを達成するための取組みを計画として策定するなどである。その際、目標は"評価指標＋数値目標"（例えば、喫煙率＋○％以下）として設定して、その達成状況を評価する。

7）変更の管理

　ISO45001では、「変更の管理」は「運用の計画及び管理」の1項目として位置付けられている。「変更の管理」とは、労働安全衛生パフォーマンスに影響を及ぼす変更であり、変更によって発生するリスクの変化をあらかじめ管理するためのプロセスの確立が要求されている。この変更には、「新しい製品、サービス及びプロセス、又は既存の製品、サービス及びプロセスの変更」や「法的要求事項及びその他の要求事項の変更」など、幅広い変更が想定されている。変更の管理においては、可能な限り変更に先立ち影響が評価され、変更そのものが管理されることが望ましい。

　しかし、リスクアセスメントなどの現状に対する評価に比べて、変更を想定したリスクの評価には専門性が必要なことが多く、専門部門や担当者を中心に評価を行うことを想定すべきである。多くの変更は、作業環境や労働条件など、労働者の健康に影響を及ぼす変化を伴うため、その管理は重要な産業保健活動になる。

8）有害要因による健康障害を防止するための産業保健活動のOHSMS上での実現

　以上、前述の計画のうち、「取組みの計画」に結び付く、①決定したリスク及び機会、②法的要求事項及びその他の要求事項、③緊急事態への準備の3つと「目標を達成するための計画」のインプットである目標に加え、「変更の管理」を合わせた5つの手順を用いて、実施すべき産業保健活動を盛り込むことによって、OHSMSにおいて計画から運用に結び付くことになる。このようなOHSMSに産業保健活動を取り込んで成果を上げることは、特定の目的のプログラムを想定した場合、当然のことながら、OHSMSのいくつかの要求事項に分割して手順化することもできる。

　有害物質による健康障害を防止することを目的とした産業保健プログラムを例に、それを具体的に表現してみたい。有害物質による健康障害を防止するためには、職場に存在する有害物質を特定し（箇条6.1.2.1 危険源の特定）、それらの健康障害リスクを

評価し（箇条6.1.2.2 労働安全衛生リスクの評価）、許容できない場合にはばく露軽減対策等が必要である（箇条8.1.2 危険源の除去及び労働安全衛生リスクの低減）。また、呼吸用保護具や保護衣の着用や管理、局所排気装置の設置とメンテナンスについてルールを定める。これらの一部は法的要求事項であり、一部は企業又は事業場独自の要求事項である。併せて、個人ごとのばく露や健康影響の有無を確認し、必要な対応を行うために特殊健康診断の実施もルール化し、その結果に基づき事後措置を行う必要がある（箇条6.1.3 法的要求事項及びその他の要求事項の決定）。そして、これらの事項について計画を立て確実に行う必要がある（箇条6.1.4 取組みの計画策定）。有害物質の中には、爆発や火災、急性中毒を発生させる可能性があるものがあり、そのような事態に備えた準備を行うとともに、訓練を計画的に行う必要がある（箇条8.2 緊急事態への準備対応）。また、新たな物質を導入する場合には、導入に先立ちリスクが評価され、安全性が確保できることを前提に導入する必要がある（箇条8.1.3 変更の管理）。このような有害要因による健康障害防止対策の確実性を高めるために、例えば今年度は事業場内のファイルされているSDS（Safety Data Sheet：安全データシート、31ページ参照）を最新版に更新するとともに、有害物質を取り扱う労働者全員を対象に呼吸用保護具のフィットテストの実施を目標として定め（箇条6.2.1 労働安全衛生目標）、計画的に実施する（箇条6.2.2 労働安全衛生目標を達成するための計画策定）。さらにこれらの取組みのパフォーマンスは評価され（箇条9 パフォーマンス評価）、改善の取り組みに結び付ける必要がある（箇条10 改善）。

9）職務適性を適切に管理するための産業保健活動のOHSMS上での実現

　労働災害、職業性疾患及び作業関連疾患といった「働く人の労働に関係する負傷及び疾病」は、機械設備や作業環境、作業内容といった労働側の要因と、労働者の健康状態といった人側の要因が相まって発生することが多い。そのため、「働く人の労働に関係する負傷及び疾病の防止」においては、労働者の健康に関わる職務適性を管理することが、労働側の要因の管理と併せて、OHSMSで管理すべきもう一つの重要な対象となる。

　職務適性の管理では、労働者の健康状態や特性と仕事の内容をあわせて評価した上で、必要に応じて就業配慮や制限を行う。労働安全衛生法などの法令を前提とした日本の産業保健においては、一般的に3つの機会において、職務適性が評価される。①全ての労働者を対象にして、定期的に健康状態を評価する機会、②特定の業務に従事する労働者を対象として、配置前及び定期に健康状態を評価する機会、③労働者が特別な健康状態にある際に評価する機会、である。

　このうち、"全ての労働者を対象にして、定期的に健康状態を評価する機会"の典型が労働安全衛生法に基づく一般定期健康診断であり、事業者にとっても、労働者にとっても法令で義務化されている。しかし、さまざまな作業に従事する全ての労働者に対して行う健診であるため、健診項目は限られており、目の粗いざるを用いてふるい分けている状態と言える。その欠陥を補う機会として、通常より高いレベル又は特別な職務適性が必要な業務がある場合には、求められる適性を評価するために"特定の業務に従事する労働者を対象として、配置前及び定期に健康状態を評価する機会"を設ける。例えば、海外赴任前の健診や有害化学物質に対する特殊健診の目的の一部などがそれに相当する。このような二種類の機会があっても、その頻度は1年以内に1回又は6カ月以内に1回が基本であるため、その間に労働者の健康状態が変化している場合には対応できない。そこで、"労働者が特別な健康状態にある際に評価する機会"を設けることが必要になる。例えば、一定期間傷病で欠勤した労働者が職場復帰する機会に行う産業医による復職面接や妊婦健康診査において産科担当医等から出される就業上の配慮に関する意見などの機会がある。

　これらの取組みの多くは、労働安全衛生法や男女雇用機会均等法などの法令で求められる法的要求事項であり、復職面接などの一部は多くの企業で自主的なルール（その他の要求事項）として実施されている。従って、職務適性管理に関する評価と事後措置をOHSMSの手順として盛り込むことによって、確実に運用することが可能である。

10）健康の保持増進の取組みのOHSMS上での実現

　健康の保持増進は、それぞれの企業や事業場の課題に応じて展開される活動である。まず、健康診断やその他の情報をもとに、労働者の健康課題などを分析する。例

えば、喫煙率が高い、肥満者が増加している、現場で働く高年齢労働者が増加して転倒災害が心配などといった課題である。多くの課題から優先順位が高い課題を選定する。その上で、課題に対する目標を決定して、目標達成のための計画を策定して、健康増進施策を実施する。

　OHSMSの目標として設定されれば、達成状況が評価され、マネジメントレビュー等を経て改善に結び付けることが可能である。

3 OHSMSの全過程における産業保健専門職の参画と力量

1）産業保健の専門性が必要なOHSMSの要素

　そもそも、これまでのOHSMSでは安全リスク対策が中心で、健康リスク対策が十分に運用されていないことが多かった背景として、健康リスク対策、すなわち産業保健活動の多くの手順は、産業医や保健師などの産業保健スタッフの資格や力量に委ねられるところが大きいことは、本書の「編者のことば」で述べている。OHSMSの中で産業保健活動が適切に実施されるためには、産業保健手順の文書化と運用において、産業保健スタッフが役割を果たすことが不可欠である。

しかし、産業保健手順の作成と運用だけが産業保健スタッフの役割ではない。労働安全衛生方針と整合性を取りながらどのような労働安全衛生目標を設定するか、どのようにパフォーマンス評価を行うか、内部監査においてどのような課題を見出すか、といった場面においても、労働者の健康課題を把握し、さらにはその解決策となる産業保健活動を体系的に理解している産業保健スタッフの参画は不可欠である。

マネジメントシステムにおけるPDCAの最強のツールは内部監査である。内部監査は、システムの日常的な運用から離れて、システムの状況を客観的に確認して、適切性、妥当性、有効性の評価を行う機会である。認証機関が行う外部監査は、あくまでも規格の適合性を審査することが基本的な目的であることに対して、内部監査では、監査チームが幅広い視点から改善の機会についても検討し、改善推奨事項が記された監査報告書を作成する。それに組織トップが署名をすることによって、改善の検討を約束することになる。従って、産業保健スタッフが内部監査で組織トップが約束したことが何もなされないマネジメントシステムは、全く機能していないに等しいと言える。そのため、内部監査では監査員の力量が極めて重要となる。その力量には、単にマネジメントシステムの知識や監査手法だけでなく、産業保健プログラムそのものに対する理解が必要となる。従って、産業保健に対する体系的な知識を持つメンバーが加わるかどうかは、内部監査において健康関連の監査結果の質に大きな影響を及ぼす。可能であれば、監査員側にも産業保健専門職を含めて実施したい。

2）産業保健スタッフの力量の重要性

OHSMSは、多くのプロセスの組み合わせで構築される。このプロセスは、手順だけでなく、「手順を実行できる力量を持った人」及び「手順を実行できる適切な機械設備等」が揃って初めて適切な運用をできる。このうち、力量とは「意図した結果を達成するために、知識及び技能を適用する能力」と定義されている。産業保健スタッフが、OHSMSの中で幅広い役割を果たすためには、産業保健そのものに対する知識や技能ともに、マネジメントシステムに対する知識や経験を積む必要がある。

また、OHSMSの中で展開される健康リスク対策や健康増進対策においても、その成果を上げるためには、経営層、管理監督者、労働者といった組織を構成するさまざまな立場の人々の参画が不可欠である。それらの人々の産業保健に対する力量向上についても産業保健スタッフが貢献できる範囲は大きいはずである。

4 おわりに

マネジメントシステムは、トップマネジメントのリーダーシップがエンジンとなり、有効にPDCAを回す継続的改善の仕組みを活用して、基本方針として明確にした

目的を達成するためのシステムである。そして、そのようなマネジメントシステムを労働安全衛生分野に応用したものがOHSMSである。従って、OHSMSに産業保健の全要素をうまく乗せることができれば、組織の資源を活用して、容易に自律的な産業保健活動の目的を達成することができる。

　健康リスク対策は、安全リスク対策に比べて、計画、運用、評価、改善の全過程において、産業保健の専門的な力量が不可欠である。これまで日本で導入されているOHSMSの多くが、産業保健スタッフの参画が不十分であり、安全リスク管理に比べて健康リスク管理の自律的な取組みが弱かった。ISO45001又はJIS Q 45100の導入を機に、産業保健スタッフが参画して、産業保健活動の運用と目的の達成を図ることが望まれる。

　OHSMSは、組織の構成員が役割を持ち、手順の中で役割を果たすことによって成果が上がる。従って、OHSMSに受け身で参加すれば、システムに使われるだけの立場となる。一方、マネジメントシステムには、さまざまな継続的改善のための仕組みが埋め込まれている。この仕組みに能動的に関わることができれば、産業保健スタッフが労働者の健康保持増進という基本的使命をより有効に達成できる。そのためには、OHSMSの機能と自律的産業保健活動の基本戦略を十分に理解する必要がある。それによって、システムに使われることなく、システムを活用する立場になることが期待できる。

（産業医科大学　産業生態科学研究所
教授　森　晃爾）

第5章
健康リスクアセスメント・マネジメント
(化学、物理、生物、人間工学、心理社会的各要因)

　リスクアセスメント・マネジメント（リスクアセスメントとその結果に基づくリスクマネジメント）はOHSMSの「リスク及び機会への取組み」の一部に相当し、その中核となる重要な活動である。OHSMS中には「H」、すなわち衛生（健康）が明示されており、健康リスクアセスメント・マネジメントをOHSMSの枠組みに効果的に組み込むことにより、その有効性を格段に高めることができる。具体的には、健康リスクアセスメント・マネジメントの計画・運用をOHSMS内に確実に規定すること、関連したチェック事項をパフォーマンス評価と内部監査に的確に取り入れることが肝要である。

1 はじめに

本章ではJIS Q 45001及びJIS Q 45100に基づいた労働安全衛生マネジメントシステム（OHSMS）の下での、健康に関するリスクアセスメントとマネジメント（以下、「健康リスクアセスメント・マネジメント」という）について述べる。具体的には職場で健康障害の原因となる可能性のある化学、物理、生物、人間工学及び心理社会的各要因に関するリスクアセスメントとマネジメントを中心のテーマとする。

JIS Q 45100では、事業場に関わるリスクを評価・管理し安全衛生のレベルを高める行為を、「箇条6.1 リスク及び機会への取組み」として幅広く捉えて定義している。われわれが一般的に認識する事故や健康障害防止のための「リスクアセスメント・マネジメント」はその取組みの一部（ただし中核となる活動）として位置付けられる。そこで本章ではまず「リスク及び機会への取組み」に関して概説する。

次に、健康リスクアセスメント・マネジメントの方法の概要を述べる。この具体的、詳細な内容についてはすでにさまざまな書籍、文献などで紹介されているので、本章ではざっと整理するに留め、詳しくは触れない。

健康リスクアセスメント・マネジメントは事業場にOHSMSがあるかないかに関わらず実施するものである。OHSMSがある場合には、その枠組みの中にリスクアセスメント・マネジメントを上手に組み込むことによって、その有効性を高めることができる。そこで次に、本章の中心の話題として、健康リスクアセスメント・マネジメントをOHSMSの枠組みの下に効果的に組み込み運用する方法を、次の順に説明する。

① 健康リスクアセスメント・マネジメントのOHSMSにおける計画と運用
② 日常運用でキーポイントとなる「箇条9.1 パフォーマンス評価」に関し、その効果的な方法と健康に関する評価項目の実例
③ OHSMSの継続的な改善のための最も重要な「箇条9.2 内部監査」に関し、その効果的な方法と健康に関するチェック事項の実例

2 リスク及び機会への取組み

JIS Q 45001では、危険源（ハザード）を「負傷及び疾病を引き起こす可能性のある原因」、リスクを「不確かさの影響（代表的には事象の結果とその発生の起こりやすさとの組み合わせ）」と定義する。また、「パフォーマンス（注：成果の意）の向上につながりうる状況又は一連の状況」を「機会（opportunity）」と定義しており、これはやや分かりにくい言葉だが、安全・衛生の向上につながる各種活動を指す（27ページ参照）。リスクと機会については、「箇条6.1 リスク及び機会への取組み」で基本的な説明がされ、またJIS Q 45100附属書Aには、日本の法令やガイドラインで定

められたり一般に事業場で行われたりしている「リスク及び機会への取組み」の具体的な活動が列挙されている。

「リスク及び機会への取組み」の主な内容を表5－1に示す。JIS Q 45100でいう「リスク」は事業場の安全衛生に影響する幅広い状況や事象を包含しており、設備とその保守、生産工程と操業、試験・研究、従業員やそれ以外の構内入構者、緊急事態、法的な要求事項、安全衛生の予算などを含む。また作業工程・方法や危険源情報（例：化学物質の有害性情報）の「変更」も含まれる。化学、物理、生物、人間工学、心理社会的な各要因はこの「リスク」の一部でありその中核となる要素である。

「機会」は安全衛生のレベルを向上させるための各種活動を指し、事業場全体にまたがるものとして組織体制、安全衛生目標、安全・衛生委員会、危険予知活動、職場巡視やパトロールなどがあり、現場の労働者を個々に保護する手段としてリスクアセスメント、環境測定、リスク低減対策、各種健康診断、安全衛生教育などがある。また発生した事故の類似災害の防止や緊急事態への準備も含む。さらに作業工程などの「変更」に対する適切な対応も含まれ、これは「箇条8.1.3 変更の管理」として定義・説明されている。

「変更の管理」はやや慣れない言葉なので少し説明をしておく。事故は何らかの変更があった時に発生しやすい。そこで変更があった場合に、関連するリスクを評価し

表5－1　「リスク及び機会への取組み」の主な内容
　　　　　（JIS Q 45100、箇条6.1及び付属書Aより）（カッコ内は例を示す）

リスク（危険源、労働安全衛生リスク、その他のリスク）	・化学、物理、生物、人間工学的要因 ・心理社会的要因（作業負荷、時間、ハラスメント） ・設備（設計、建設、装置、保守等） ・生産工程（設計、試験研究、開発、生産、組立） ・従業員、請負者、その他職場に出入りする人々の活動 ・緊急事態 ・法的要求事項 ・プロセス、作業方法、活動、危険源情報などの変更 ・その他のリスク（安全衛生予算の削減）
機会	・組織体制、組織の方針（労働安全衛生目標、専門要因） ・パフォーマンス向上のための機会（安全・衛生委員会、危険予知活動、点検、職場巡視・パトロール、提案活動、始業時ミーティング） ・作業、作業環境などを働く人に合わせて調整する機会（リスクアセスメント、環境測定、リスク低減対策、作業規程・手順、保護具、各種健康診断、メンタルヘルス対策、安全衛生教育、健康保持増進） ・危険源の除去 ・類似災害防止策 ・緊急事態への準備、対応（計画、組織、訓練） ・変更の管理 ・OHSMSを改善するその他の機会

管理することが変更の管理である。身近な変更の例としては、組織変更、人事異動、部署の移動、新しい設備や機器の導入、新規の作業手順の採用等がある。健康リスクに関連した変更とその管理の例を表5-2に示す。この変更の例として法令改正、ばく露限界値などの基準値の改訂、設備の改造や新設、新規の化学物質の使用、事業所やオフィスなどの新設や移動などがある。変更があった場合、変更に伴うリスクを精査し、例えばチェックリストを作成するなどして対策に漏れがないよう確実に対応する。

　以上のようにOHSMSでは、「リスク及び機会への取組み」が実に幅広い意味を持ち、この実行が求められていることに留意すべきである。産業保健の専門職は、労働現場の健康有害要因に直接関わる狭い意味でのリスクアセスメント・マネジメントのみならず、健康に関して上述の「リスク及び機会」にも幅広く目配りをし、それに対処しなければならない。これを踏まえた上で、本章ではこれ以降、（狭い意味での）健康の有害要因に関わるリスクアセスメント・マネジメントについて述べる。

表5-2　健康リスクに関連する「変更」と「変更の管理」の例

変更	変更の管理の例
法令・ガイドラインの制定、改正	事業場内の規程・基準類の改定と実施
健康に関する基準値の変更	当該要因のリスクアセスメントの見直し （化学物質のばく露限界値など）
製造設備の改造や新設	低騒音の機器を使用しているかを確認 化学物質取扱い作業のリスクの確認
新規の化学物質の使用	導入可否の審査
事業場の新設	産業保健スタッフの配備 産業保健プログラムの導入
支店・営業所の移動	オフィス環境　情報機器作業対策　禁煙対策

3 健康リスクアセスメント・マネジメントの方法

　はじめに、健康リスクアセスメントについての基本的な考え方を、一般的な安全（事故防止など）のリスクアセスメントと対比して説明する。まず、リスクという概念の前にハザード（有害要因）という概念がある。ハザードとはわれわれの生活に負の影響を及ぼす原因を指し、ここでは安全・健康に関する危険・有害要因とその重大性のことをいう。次に、リスクは「ハザードの重大性」と「その発生確率」を組み合わせたものを指す。例えばライオンは人に危害を与える可能性という意味で重大なハザードであるが、おりに入れれば人に危害を加える確率が極めて小さくなるためリスクは小さくなる。安全のリスクアセスメントはこの定義に沿って、ハザードの重大性（例：軽微なけが〜死亡災害）とその発生確率を調べ、それらを組み合わせることで行う。

　健康のリスクの基本的な概念は「ハザードの重大性×発生確率」で安全の場合と同じだが、リスクアセスメントの具体的な方法が少し異なる。化学物質による慢性ばく露を前提とした健康障害を例にとると、ハザードの重大性に相当するものとして化学物質の有害性の大きさが用いられ、よく使われる指標はばく露限界値である。ばく露限界値はその環境下で作業者が継続的にばく露を受けてもほとんどの作業者に健康影響が発生しないとされる濃度で、ACGIH（米国産業衛生専門家会議）や日本産業衛生学会などにより設定されている。一方、発生確率に相当する因子は化学物質へのばく露の大きさである。ばく露が大きいほど健康影響の発生確率が高まるためである。一般的な作業では経気道ばく露が主となる。このため、個人ばく露測定によって呼吸域のばく露を測定し、得られた8時間加重平均ばく露濃度をばく露限界値と比較する方法は、化学物質のリスクアセスメントの最も代表的で正確な方法、いわば王道である。化学物質のリスクアセスメントの方法はこれ以外にも複数あるが（表5-3参照）、いずれもばく露をばく露限界値と比較する概念に基づく。

　化学、物理、生物、人間工学、心理社会的要因に関して、各々の代表的なハザード及びリスクアセスメントとマネジメントの方法の概要を表5-3に示す。

　リスクアセスメントの方法の一つに「調査に基づく専門的判断」があり、これは一定レベルの専門家などが職場の調査結果を踏まえ、経験や技術的常識に基づいてリスクを判断することをいう。例えば、明らかに化学物質の発散がある場合はリスクが大、逆に密閉系の場合はリスクが小、などである。また化学物質の場合、コントロールバンディングやCREATE-SIMPLEのような簡易評価ツールが利用できる。環境中の濃度、エネルギーの強度、ばく露の程度などの測定は、化学、物理、生物要因に共通のリスクアセスメントの基本手段である。人間工学要因の場合には、作業の負荷や姿勢を数値化して評価する「作業姿勢分析システム」などのリスク評価ツールが利用

表5-3 職場の健康に関わるリスクアセスメント・マネジメントの概要

要因	代表的ハザード	リスクアセスメントの方法(例)	リスクマネジメントの方法(例)
化学	各種化学物質のガス、蒸気、浮遊粒子	調査に基づく専門的判断 測定（機器・器具） 簡易リスク評価ツール（化学） 数理モデル（化学、物理）	作業環境管理（要因の除去、設備・工学的対策） 作業管理（作業方法、保護具） 健康管理（健康診断、適正配置） 教育
物理	騒音、放射線、暑熱		
生物	感染症源（レジオネラ等）		
人間工学	重量物作業 情報機器作業	調査に基づく専門的判断 定量リスク評価ツール チェックリスト	
心理社会	仕事の量、労働時間、裁量権、支援の欠如、勤務形態、対人関係、ハラスメント、物理的作業環境	ストレスチェック 各種評価ツール（アンケート、チェックリスト等）	人事労務管理（過重労働防止、要員確保、コミュニケーション、透明性、公正性、ハラスメント防止） 健康管理（面談等） 教育 物理的な環境改善

できる。また心理社会的要因のリスクアセスメントには、ストレスチェック及びアンケートやチェックリスト類が用いられる。

　リスクマネジメントの方法としては、化学、物理、生物、人間工学的要因に関しては各種の作業環境管理、作業管理があり、心理社会的要因については適切な人事労務管理（過重労働防止、コミュニケーション、透明性、公正性、ハラスメント防止等）などがある。また全ての要因に共通して健康管理と教育がある。

4 健康リスクアセスメント・マネジメントのOHSMSにおける計画と運用

　ある事業場においてOHSMSを設定し開始する場合、そのための組織体制及び組織内各レベルの責任と基本計画を策定し、文書化して周知することは最も基本的な事項であり、この文書はOHSMSに関する最上位の規程（システム文書と言われることもある）となる。また実行計画の詳細内容はこれに連なる中・下位の基準・手順書等の中に定められる。事業場は以上の文書群を必ずしも新たに作成する必要はなく、既存の文書を利用してもよい。

　化学、物理、生物、人間工学及び心理社会的各要因の健康リスクアセスメント・マネジメントについても、その計画や方法、ルール等を定め、その文書を上記の体系中に同様に組み込む必要がある。既存の文書類があるならば活用し、ない場合は適宜作成する。この場合、その事業場で重要な有害要因（ハザード）、作業の種類、又は評

価・管理手法などに応じて、例えば「有機溶剤衛生基準」、「塗装作業安全衛生要領」、「化学物質のリスクアセスメント基準」のように個別に文書化すると取組みの焦点が絞れるため効果的である。この文書（基準・手順書・要領書等）の題目の例を次に示す。
・有害要因ごと：個別の化学物質（例：有機溶剤、鉛、硫化水素、アスベスト）、騒音、放射線、暑熱
・作業の種類ごと：塗装、化学物質の荷積み・荷卸し、容器内作業、情報機器（VDT）作業、重量物取扱い
・評価・管理手法ごと：化学物質のリスクアセスメント、作業環境測定、特殊健康診断、ストレスチェック、時間外労働時間の管理

上に述べた文書類は、事業場に産業保健スタッフ（産業医、衛生管理者、産業看護職等）がいる場合には産業保健スタッフが作成又は監修することが適切であろう。もし複数の事業場を持つ企業であれば、企業全体の統一文書として制定することは更に有効である。

事業場でOHSMSの計画を策定した後は、計画に沿って運用する。円滑で効果的な運用のためには、事業場全体のOHSMSを調整する事務局（コーディネーター）の機能を設けることが効果的である。事務局の役割は、年間計画の策定、定期報告会の運営、パフォーマンス評価の取りまとめ、内部・外部監査の計画と運用、システム関連文書の制改訂、記録の保管、トップマネジメントへの報告などである。一定規模以上の事業場で産業保健スタッフがいる場合、このスタッフが事務局機能のうちの健康関連の部分を担当することは、OHSMSの健康分野への効果を高める目的で大いに勧められる。産業保健スタッフは、健康に関する計画、文書・記録類の管理、パフォーマンスの評価、監査結果などの取りまとめ、調整を行い、活動や改善を支援する。これは、産業保健スタッフがシステム各級管理者*の一人として、健康関連分野の責任と権限を分担することに相当する。

＊システム各級管理者：OHSMSに関連する責任と権限の一部を担当する管理者・監督者のこと。

5 健康リスクアセスメント・マネジメントに関するパフォーマンス評価

　事業場でOHSMSがスタートした後、その仕組みが絵に描いた餅でなく実際に機能し安全衛生の向上に寄与するためには、OHSMSの運用状況や有効性の評価の仕組みを作っておくことが重要である。JIS Q 45100ではこれを「箇条9.1 モニタリング、測定、分析及びパフォーマンス評価」として定めている。

　具体的には、計画の達成度、個々の活動の進捗、管理・運用策の有効性などに関して、評価指標（注：数値化された指標が望ましい）を設定して定期的に測定し、結果を分析、報告しOHSMSの有効性を判断することを求めている。このような評価指標は一般にKPI（Key Performance Indicator：重要評価指標）と呼ばれる。

　そこで、健康リスクアセスメント・マネジメントに関連したKPIを設定する必要がある。この時、OHSMSが従業員の健康の確保に有効に機能しているかを的確に反映できるような効果的な指標を設定することが重要である。このKPIについて、化学的要因と心理社会的要因を例にとり表5-4に示す。化学的要因に関して作業環境測定を例にとると、KPIはその実施率、集計期間は半年ごと、目標値は100%とできる。また、結果が第3管理区分であった割合、うち改善が完了した割合なども適している。同様に、特殊健康診断や化学物質のリスクアセスメント、新規化学物質の導入時の審査、教育などに関して設定できる。物理、生物、人間工学的要因についても類似の考え方が取れる。心理社会的要因に関するKPIの例として、ストレスチェック、メンタルヘルス教育などの実施率及び時間外労働時間が規定の上限を超えた従業員の割合などが設定できる。このように、その事業場にとって重要なリスクアセスメント活動の実施率、評価結果が基準に合致した（又は外れた）割合、見出された問題点の改善割合などが代表的なKPIとなる。

　なお、KPIに関しては第7章でも触れられているので、そちらも参考にしていただきたい。

表5-4　パフォーマンス評価の評価項目と指標（KPI）の例

(1) 化学的要因関連

評価項目	指標（KPI）	集計期間	目標値
作業環境測定（法定）	＝第3管理区分数/総実施数（％）	半年	0％
同　改善達成率	＝改善確認済数/第3管理区分（％）	半年	100％
特殊健康診断受診（法定）	＝受診者数/対象者数（％）	半年	100％
化学物質のリスクアセスメント	＝実施数/年初計画数（％）	年	100％
同　改善達成率	＝改善実施確認済数/要改善数（％）	年	100％
新規化学物質導入時の審査	＝審査実施数/導入総数（％）	半年	100％
化学物質管理教育	＝実施数/年初計画回数（％）	年	100％
同　受講者	＝受講者実数/受講対象者数（％）	年	100％

(2) 心理社会的要因関連

評価項目	指標	集計期間	目標値
ストレスチェックの回答	＝回答者数/対象者数（％）	年	100％
メンタルヘルス教育	＝実施数/年初計画回数（％）	年	100％
同　受講者	＝受講者実数/受講対象者数（％）	年	100％
労働時間管理（原則上限の遵守）	＝時間外労働時間が規定[*1]を超えた従業員数/総従業員数（％） （＊1：原則上限の45時間/月等）	月	0％
同（例外上限の遵守）	＝時間外労働時間が規定[*2]を超えた従業員数/総従業員数（％） （＊2：例外上限の80時間/月等）	月	0％

6 健康リスクアセスメント・マネジメントに関する内部監査

　監査（内部・外部）はOHSMSそのもの及び健康リスクアセスメント・マネジメントの継続的な有効性に関して最も重要な要素と言ってよい。事業場でリスクアセスメント活動を始めると、当初は活動が新鮮でトップマネジメント以下、各層の責任者・実施者の意欲や意識が高いが、時間を経るに従い活動のレベルが落ち、いわゆるマンネリ化することがよく見られる。これを防ぐ最良の手段がOHSMSの監査であり、内部・外部監査を厳しくかつ効果的に行うことにより、リスクアセスメントを事業場の安全衛生レベルの維持向上に継続的に寄与させることができる。従って、健康リスクアセスメント・マネジメントについて効果的にチェックできるような監査の計画と運用が非常に重要である。

内部監査にはいくつかの形態がある。典型的には事業場内で指名された監査員又は監査チームが、年１回など定期的に事業場内のOHSMSを監査する方法がある。また、事業場の産業医、トップマネジメント、衛生管理者、安全部門のスタッフなどによる職場巡視、安全巡視やパトロールにおいて、OHSMSの実施状況に関してチェックする、いわば「ミニ内部監査」がある。さらに複数の事業場を持つ企業の場合、ある事業場の監査員又はチームが別の事業場を訪問しそこを監査する方法（事業場間内部監査）もあるだろう。

　以上のような各種内部監査の機会に健康リスクアセスメント・マネジメントに関してチェックすることができる。この時の監査の視点として、

　①　事業場全体の仕組みが計画通りにできているかどうか（仕組み監査）
　②　各作業場で計画通りに実行されているかどうか（実地監査）

の２通りに分けると考えやすい。

　仕組み監査では、事業場全体の見地からリスクアセスメントの計画、役割分担、文書体系、パフォーマンス、報告・記録類などをチェックする。一方、実地監査はまさに作業現場において行うもので、定めたリスクアセスメントが実際の事業場内の全ての作業現場で実行されているか、結果に応じてリスク低減措置がなされているか、安全・衛生に関わるルールが守られているのかなどをチェックする。一旦リスクアセスメントの仕組みが浸透し、仕組み監査の結果があるレベルに達した場合、実地監査が相対的に重要となる。事業場内の末端までリスクアセスメント・マネジメントが十分浸透し実践され、安全・衛生面の成果を上げることこそがOHSMSの最終目的であり、またこの達成がなかなか難しいためである。従って、事業場のOHSMSやリスクアセスメントの成熟度に合わせ、実地監査の比重を多くするとよい。

　表５-５に、OHSMS監査での健康リスクアセスメント関連のチェック事項の例を、仕組み監査と実地監査に分けてそれぞれ挙げた。仕組み監査では、まずトップマネジメントや上位のシステム各級管理者に、特に健康リスクアセスメントの運用状況や有効性についての意見を尋ねる。また関連の文書体系、業務上疾病や苦情などの発生状況、教育の実施状況などが重要なチェック事項になる。また事業場全体に関わる活動、例えば健康診断、ストレスチェック、時間外労働時間の管理状況など、さらに、KPIや監査の結果に基づいた必要な是正措置の実施などを確認する（表５-５（１））。

　実地監査では、課長・係長などの現場の管理者に対して、健康リスクアセスメントの実施状況を尋ねる。個別のリスク要因についてのチェック事項の例は表５-５（２）の通りであり、化学物質のSDSの配備やその内容の理解度、リスクアセスメントなどに基づく改善対策の実施、現場で目撃したリスクが高いと思われる作業についてリスクアセスメントや管理の状況（化学物質、騒音、重量物作業等）、各種保護具の着用、有害要因やその対策に関する作業者の理解度（教育の効果）、などがある。労働時間

の管理に関しては、従業員に実際の時間外労働時間を尋ね、公式な報告時間との合致有無を確認するなども有効と考えられる。

　以上のようなチェック事項を事業場の実情に合わせて蓄積し、チェックリスト形式に整理することは監査の効果を高めるために有効である。ただしこの場合、チェックリストに頼りすぎることは避けたい。監査者自身の経験や感性を生かし、作業現場で懸念や疑問がありそうな健康・衛生のリスク要因を「嗅ぎ分け」、「掘り下げ」ることにより、主体的で積極的な監査を行うようにしたい。

　なお、監査に関しては第8章でも触れられているので、そちらも参考にしていただきたい。

表5-5　OHSMS監査時のチェック事項の例（健康リスク関係）

（1）仕組み監査（事業場全体に関わる仕組み、実施状況、結果などに関するもの）

事項	チェック事項
マネジメント	トップマネジメント、上位システム各級管理者などに、健康リスクアセスメント・マネジメントの実施状況、有効性、課題、改善状況などを尋ねる
文書	健康リスクアセスメント・マネジメントに必要な実施体制、実施事項などが定められ、文書化されているか（規定、基準、手順書等）
文書	上記の文書体系には、化学、物理、生物、人間工学、心理社会の各要因について、事業場内の主要な有害要因（ハザード）の全てが含まれているか
スタッフ	産業保健スタッフのリスクアセスメントにおける役割は適切か、及びスタッフの質や量に不足はないか
事故	健康関連のインシデント（業務上疾病等）を報告する仕組み
事故	同じく、直近に業務上疾病・苦情などはなかったか
教育	各種健康関連教育の計画及び未受講者の把握とフォローアップの仕組み
健診等	特殊健康診断の計画及び未受診者の把握とフォローアップの仕組み
ストレスチェック	ストレスチェックの計画及び未回答者の把握とフォローアップの仕組み
労働時間	従業員からの時間外労働時間の報告の方法及びその内容を確認し、指導勧奨し、産業医面談を行うための仕組み
KPI	KPI（重要評価指標）の項目と内容は適切か
KPI	評価が低い指標についてその理由と改善策を問う
監査	監査（内部、外部）の指摘点（要是正点）に関して、その是正措置のフォローアップの仕組み
監査	同じく、最近の監査の指摘事項が是正されたか

（2）実地監査（各作業場での実践状況に関するもの）

要因	チェック事項
共通	作業場でのシステム各級管理者（課長等）に、健康リスクアセスメント・マネジメントの実施状況、有効性、課題、改善状況などを尋ねる
共通	前回の監査（内部、外部）での指摘事項が該当する各作業場で是正されたか
化学	作業現場で任意に取上げた化学物質のSDSはあるか
化学	作業場の従業員に、取り扱う化学物質の有害性と作業上の注意事項を尋ねる（教育の効果を確認）
化学	同じく、その化学物質のSDSへのアクセス方法を尋ねる
化学	作業環境測定で第3管理区分の、又はリスクアセスメントの結果で改善を要する作業場で改善対策が適切にされたか
化学	化学物質の臭気や粉じんが明らかにあると思われる作業場で、リスクアセスメントが実施されたか。適切な対策が取られているか
化学	適切な種類の呼吸用保護具、保護手袋等を全員が着用しているか（必要な場合）
化学	特定屋外喫煙場所などで周囲への煙の拡散、周囲からの苦情などはないか
物理	騒音職場で、騒音レベルの測定有無と結果。必要な対策がされているか
物理	同じく、防音保護具の着用（必要な場合）
物理	放射線職場で、管理区域の設定、立入り制限表示などの管理
物理	従業員に熱中症防止に関する具体的な注意事項を尋ねる（教育の効果を確認）
生物	クーリングタワー（冷却塔．開放型）の殺菌管理はされているか（レジオネラ症防止）
人間工学	デスクワークの職場で、情報機器作業の環境、作業姿勢などは適切か
人間工学	作業場で目撃した重量物取扱い作業について、リスクアセスメントは実施されたか（例：大量の20kg袋の運搬）
心理社会	従業員に時間外労働時間の原則上限値を尋ねる（注：45時間/月、教育の効果を確認）
心理社会	従業員に前月の実際の時間外労働時間数を尋ねる。この結果は人事部門などに報告された時間と整合しているかを別途確認

7 おわりに―産業保健専門職の役割―

　OHSMSの下での健康リスクアセスメント・マネジメントに関して、産業保健スタッフの役割は大きく2通りに分けて考えることができる。まず、その「本来業務」として健康リスクアセスメント・マネジメントそのものに関する活動がある。この内容は本章の第3項で概要を述べた。次に、OHSMSの枠組みの中に健康リスクアセスメント・マネジメントをいかに効果的に組み込み、運用するかという役割がある。「O『H』SMS（労働安全『衛生』マネジメントシステム）」というように、OHSMS中には衛生（健康）が明示されており、とかく安全に偏りがちな事業場内の視点を強

制的に健康に向けることができる。従ってOHSMSの実施は産業保健スタッフにとり大きなチャンスであり、これをいかに活かすかが重要である。具体的には、本章の第4、5、6項で述べたように、計画と運用、パフォーマンス評価、監査において、OHSMSの中での健康リスクアセスメントの活動が誰にも見えやすく、結果を評価しやすく、従って継続的に改善されやすい仕組みを作る必要がある。この結果の評価においては、産業保健スタッフ自身が、自ら実施又は統括する事項のチェックの仕組みを作ることになり「自分の首を絞める」面があるが、この仕組み作りを客観的に厳しく行うことによって、事業場の中での産業保健プログラムの価値を結局は高めることができる。

なお、産業保健スタッフが内部監査員となる機会もあるかと思うが、これは健康に関する監査の効果が格段に高まるため大いに推奨される。産業保健スタッフによる監査は、①産業保健スタッフが事業場内の実情に直接触れられ新たな課題や良好事例が発掘できる、②専門性を生かした突っ込んだ指摘が可能となる、③健康に関する活動の重要性を被監査者に知らしめることができる、などメリットが大変多い。また、スタッフの専門職としての力量が問われる場面となり、その資質向上にも役立つ。特にトップマネジメントや上位のシステム各級管理者、及び課長・係長などの現場の管理者と、OHSMSにおける産業保健プログラムやリスクアセスメントを公式に話題にできる機会は貴重である。一般にこれらのライン管理者は安全に関する意識はある程度持っていても、健康面、特に慢性的な健康影響については日ごろほとんど意識していないことが多い。そこで、化学物質などの作業場の有害要因やメンタルヘルス面での状況などについて具体的に話し合い、管理者層それぞれの立場での懸念や問題意識を抽出すると共に、これら管理者にスタッフ自身の言葉で健康リスクアセスメント・マネジメントの意義や重要性を直接訴え、理解を広めることができる。

ここで産業保健スタッフのうちの衛生管理者について一言述べたい。衛生管理者は本来「衛生に関する技術的事項を管理する（労働安全衛生法第12条）」という役割があり、健康リスクアセスメント・マネジメントについては一つの中心になるべき立場にある。ところが現実は、衛生管理者には健康管理、メンタルヘルス、過重労働防止対策、労務・厚生などの幅広い役割を求められることが多く、「衛生技術分野の管理」が実質的にできていない状況がよく見られる。そこで、今回のOHSMSのJIS化をきっかけとして、わが国でも技術面の専門家として産業衛生技術者（欧米のオキュペーショナルハイジニスト相当者）の育成を積極的に図っていく必要がある。特に指導的な立場にある産業医などの方々には、事業場の規模などにもよるが可能な場合、このような専門家の候補者（望ましくは大学院卒又は大学卒の技術者）を健康・衛生管理部門に配属、育成し、OHSMSを通した技術的事項の推進者とするよう経営側に働きかけていただくと、健康面の強化の大きな力となると思われる。

最近、多職種連携ということがよく言われる。今般のISO、JISの発行を機会に産業医、衛生管理者、産業看護職が協力し、また相互の役割をよく理解し分担しながら、OHSMSの「仕掛け」を十分に活用して健康リスクアセスメント・マネジメント活動をより有効なものとしていただきたい。

（東京工業大学キャンパスマネジメント本部総合安全管理部門
　　　　　　　　　特任教授　橋本晴男）

第6章
労働安全衛生マネジメントシステムでの法令順守のための仕組み、法的要求事項の位置付けと手順

　自主管理においては、事業者は法令の有無に関わらず本来取り組むべき全ての安全衛生活動に関して、下記の3つのステップで進める必要がある。

1　活動の範囲とルールを自主的に決定する。
2　活動に関する法令や規制があり、その内容が自主的なルールと同等かそれ以上である場合には、法令順守として実施する。
3　法令順守を確実に行うためにOHSMSの仕組みを運用する。具体的には、法定事項をリストアップし、それを可能な限り手順や作業標準などの通常の文書に反映させる。

1 法令順守のための仕組み

1）法令順守型から自律型（自主管理型）の安全衛生活動への移行の背景

　本章では、安全衛生活動の中でも重要なポイントである法令順守という側面から、労働安全衛生マネジメントシステム（OHSMS）とその国際規格であるISO45001について解説する。そのために少し安全衛生活動とOHSMSの歴史を振り返ってみたい。

　マネジメントシステム発祥の国であるイギリスでは、1974年に労働安全衛生法（Health and Safety at Work Act 1974）が制定される前に、法令順守型から自律型の安全衛生活動への移行について議論が行われた。当時、すでにイギリスには安全衛生に関連する法令があり過ぎ、本来の安全衛生活動水準の向上という目的達成にとって逆効果とさえ言える状況であった。また世の中の状況の変化に応じて次々に新しい法令を作り、古くなった法令を改正しなければならないため、法令の改正が世の中の変化に追いつかない可能性もある。従って、事業者は決められた法令を順守するだけではなく、安全衛生に関する課題を自ら見つけ、自主的に管理を進める自主管理（Responsible Care）が提唱された。これが後のOHSMSに発展し、世界中に広まることとなった。

　日本では、労働災害防止を主な目的として、それまで労働基準法の一つの章であった安全と衛生に関する事項が独立して、1972年に労働安全衛生法として制定された。それ以降、労働安全衛生法に基づき、世界的に見ても非常に多くの政省令などが制定され、これらを順守することが日本国内の事業場の安全衛生活動の基本となってきた。1999年に労働安全衛生法に関連する指針として、労働安全衛生マネジメントシステムに関する指針が公表されてから、多くの事業場で自主管理を進める手法としてOHSMSは浸透している。

2）自律型の安全衛生活動における法令順守の考え方

　事業者が安全衛生活動を進める最も根幹的な目的の一つとして、労働災害や健康障害の発生防止がある。昨今、技術の進歩により、毎年のように導入されている新しい機械設備や化学物質などは変化している。そして、世の中の全て機械設備や化学物質に対してすぐに法規制がされるかというとそうではない。しかし、法規制されていない機械設備や化学物質を使用した結果、災害や健康障害が発生した場合でも、事業者が責任を問われる可能性が高いと言える（図6-1）。例えばある事業場で新規の化学物質Aを使用することとなった状況をイメージしてみたい（図6-2）。使用を開始するにあたって労働安全衛生関連の法令や指針・通達などを探してみても、特にAに関して規制は見当たらない。しかし、実際にAのSDS（Safety Data Sheet：安全データシート）を取り寄せて見てみると、危険有害性情報の項目にいくつかの絵表示と

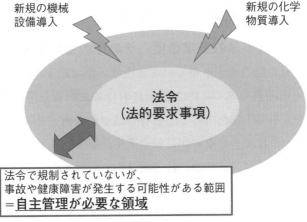

図6-1 事業者の安全衛生活動の責任の範囲

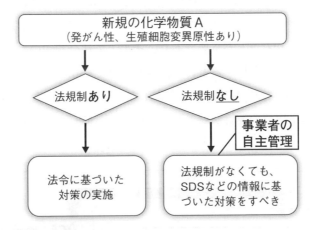

図6-2 新規化学物質の導入

「発がん性区分1A」、「生殖細胞変異原性1B」という記載がある。

このように、法的な規制はまだされていないが、危険有害性に関してある程度明確な根拠がある場合に、法令順守型の活動のみでは対策を行っても効果を上げることが難しい。法的な規制がない場合でも、Aの使用状況によっては、当然だが健康障害が発生する可能性があるため、働く人の疾病を防止するための対策を考えなければならない。

従って、①事業者は、法令の有無に関わらず本来取り組むべき全ての安全衛生活動に関して、まず自主的な活動の範囲とルールを決定する。そして、②活動に関する法令や規制があり、その内容が自主的なルールと同等かそれ以上である場合には法令順守として実施する。さらに、③法令順守を確実に行うためにOHSMSの仕組みを運用する。これが自主管理(OHSMS)における法令順守の考え方である。

2 法的要求事項の位置付けと手順

1）ISO45001における法的要求事項、その他の要求事項の位置付け

　法的要求事項、その他の要求事項という表現は、他のISOマネジメントシステム規格にも必ず出てくる項目である。ISO45001における法的要求事項とは、解説するまでもないが、労働安全衛生法を中心とした各種法令や規制を意味する。また、その他要求事項とは、法令には該当しないが、安全衛生活動を行う上で強制的もしくは自発的に順守すべき内容であり、具体的には労働協約、所属する工業団地の合意事項、親会社の規則などが該当する。マネジメントシステムの運用において法的要求事項の順守は当然のことであるが、特に労働安全衛生マネジメントシステムにおいて法令順守自体も活動の根幹であり、極めて重要な目的の一つである。

　ISO45001における法的要求事項の順守を含めた手順を図6-3に示す。法令順守の方法として、まず法令事項をリストアップし、それを可能な限り手順や作業標準などの通常文書に反映させることが重要であり、その上で法令順守のための仕組みとしてマネジメントシステムを利用するという前提を忘れてはならない。規格要求事項にのみ意識が向きすぎると、ISO45001があたかも第2の法令であるような存在になってしまい、本来の自主管理の趣旨から外れた運用になってしまうために注意が必要である。

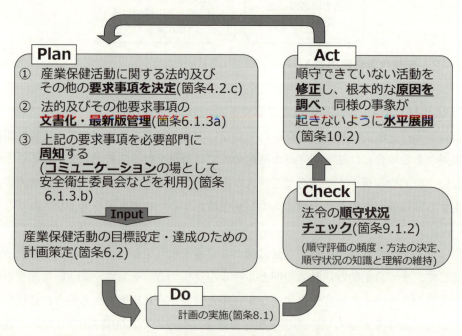

図6-3　ISO45001における産業保健活動の法令順守を含めた手順

2）順守すべき法令やその他要求事項の決定（Plan）

　ISO45001では、組織の危険源、労働安全衛生リスク及び労働安全衛生マネジメントシステムに適用される最新の法的要求事項及びその他の要求事項を決定し、入手すること（箇条6.1.3.a)）、これらの法的要求事項及びその他の要求事項の組織への適用方法、並びにコミュニケーションする必要があるものを決定すること（箇条6.1.3.b)）、組織の労働安全衛生マネジメントシステムを確立し、実施し、維持し、継続的に改善するときに、これらの法的要求事項を考慮に入れること（箇条6.1.3.c)）が該当する。また、法的要求事項及びその他の要求事項に関する文書化した情報を確実に最新の状態にしておくことも必要である。OHSAS18001：2007の箇条4.3.2 法的及びその他の要求事項で要求されていた、順守すべき法令や規制などの特定に関する要求事項は、ISO45001の箇条4.2 働く人及びその他の利害関係者のニーズ及び期待の理解のc)に移動している。これらを整理して少し分かりやすい表現で記載すると、活動を計画する段階で必要な手順は以下の通りである。

① 自主的に決定した活動やルールに関して、産業保健活動に関する法令及びその他の要求事項を特定する（箇条4.2.c)）
② マネジメントシステムで適用される最新の法令や規制、その他の要求事項を決定し、入手する（箇条6.1.3.a)）
　⇒順守すべき法令のリスト化、最新版管理
③ 自社で順守すべき法令や規制、その他の要求事項がどの業務や部門に適用されるのかを決定、周知する（箇条6.1.3.b)）
　⇒文書化（業務手順書に反映）、運用

3 順守状況の評価（Check）

　法的要求事項及びその他の要求事項の順守を評価するためのプロセスを確立し、実施し、維持することが必要である。順守を評価する頻度を決定すること（箇条9.1.2.a)）、順守を評価し、必要な場合には処置をとること（箇条9.1.2.b)）、順守状況に関する知識及び理解を維持すること（箇条9.1.2.c)）、順守評価の結果に関する文書化した情報を保持すること（箇条9.1.2.d)）というISO45001の規格に基づいたプロセスで進めることができる。

　OHSAS18001：2007からの変更点としては、評価の頻度を決定すること、評価の方法を決定すること、順守状況に関する知識と理解を維持することなどが追加されている。また、この順守評価では、明確に文書化が要求されていることは重要なポイントであり、上記の要求事項（決定した法的、その他の要求事項）のリストの作成が現実的な対応として求められる。労働安全衛生法令関連では、選任、報告、測定、届け出

など多くの順守事項があるため、少なくともそれぞれに定められたタイミングでの評価を行う必要がある。そして、それぞれの順守事項に関わる者は、少なくとも順守のタイミングと順守の評価方法を含めた順守状況を理解していなければならない。

4 非順守時の改善（Act）

順守評価で非順守事項が見つかった場合には、その改善を行う必要があり、箇条10.2 インシデント、不適合及び是正処置が該当する。この事項は、法的要求事項及びその他の要求事項の非順守だけでなく、OHSMS全体のインシデントや不適合への対応を含む改善に関する要求事項である。

規格要求事項には、インシデント及び不適合を決定し管理するためのプロセスを確立し、実施、かつ維持することが記載されている。法的要求事項及びその他の要求事項に関しては、箇条9.1.2ですでに順守状況を確認するための頻度や方法などを含めたプロセスを確定しているため、追加の対応は不要である。また、この事項では、非順守事項に対しての応急処置的な対応である修正と、再発防止を確実にするための是正処置を行うことを規定している。

5 法令改正への対応（変更の管理）

自主管理においては、事前に産業保健活動のリスクを想定してルールを定めるため、法令改正の影響で大きく活動の方向性を変更する必要はない。しかし、事前に策定したルールより、改正後の法令において厳格な管理が必要な場合、法令順守に関して矛盾が生じてしまう。従って、法令改正時に対応できる手順を確立する必要がある。担当者を決め、労働安全衛生法を中心とした関連法令や規制、地域の条例などに改正がないか定期的に確認する必要がある。法令改正があった場合、法令リストを更新し、改正部分に該当する作業手順書や関連文書の変更を行う必要がある。規格要求事項には、労働安全衛生パフォーマンスに影響を及ぼす変更を管理するためのプロセスが必要であることが記載され、その中には法令改正時の対応やその他の要求事項が変更した際の対応も含まれる（箇条8.1.3）。

6 産業保健活動を進める際の法令順守の手順

1）取り組むべき活動の選定

ここまで、自主管理における手順とISO45001の規格要求事項を関連させて解説してきた。ここからは少し具体的な産業保健活動についてマネジメントシステムの中で

運用する際に法令順守を満たす手順を考えてみる。日本版マネジメントシステム規格JIS Q 45100の中で取り組む活動を決定する際の要求事項の箇条6.1.1.d）では、健康確保のために法的要求事項以外の活動も含めた取組みが記載されている。具体的にどのような活動に取り組むかは、JIS Q 45100附属書Aの健康領域を参考にするとよい（40ページ）。一般健康診断、ストレスチェック、過重労働など法令に要求のある活動や、両立支援、メンタルヘルス対策、健康保持増進の取組みなど指針、手引き、ガイドラインなどに規定されている健康確保のための活動が含まれている。

2）過重労働対策に関する活動

　附属書Aの中で、法的要求関連事項と健康確保関連活動の2つの側面を持つ活動として過重労働対策がある。過重労働による健康障害防止のためには、時間外・休日労働時間の削減、年次有給休暇の取得促進等のほか、事業場における健康管理体制の整備、健康診断の実施等の労働者の健康管理に関する措置の徹底が重要である。またやむを得ず、長時間の時間外・休日労働を行わせた労働者に対しては、面接指導を実施し、適切な措置を講ずることが必要である。過重労働対策は上記の全ての活動を行うことがとても重要であるが、本章では産業保健スタッフの業務と直結する長時間労働者に対しての医師の面接指導に関する活動について考えてみる。

　長時間労働は、過重労働の要素の一つであり、その程度を評価することが比較的容易である。また、長時間労働をきっかけとして心筋梗塞や脳卒中などの脳・心血管系疾患のリスクやメンタルヘルス不調のリスクが上昇することも知られている。そのため、基準を設けて、労働時間がその基準を超えた労働者に対して、健康状態を確認することと、その状態に応じて時間外労働の低減などの措置が必要かどうかの判断をする目的で医師の面接指導を行うこととして、法令順守を満たしながらの手順を考えてみたい。

3）要求事項の決定（箇条4.2）

　まず、行うべきは要求事項の決定である。法令で求められる長時間労働者への医師の面接指導の手順を図6-4に示す。ここで考えなければならないのは、図6-4の右側の努力義務のフローである。法令の努力義務の活動に関しては、どのように要求事項に落とし込めばよいだろうか。長時間労働者に対しての医師の面接指導について、法令は人員規模に関わらず全ての事業場に求めている。規模によって産業医、産業看護職などの産業保健専門職を設置できる事業場がある一方で、産業医の選任義務がなく産業保健専門職不在の事業場も非常に多い。従って、面接指導の対象者の選定に関しては、事業場の規模や専門職の有無などにより、一律ではなくある程度事業場の裁量によってどのレベルまで行うのかを決めることができる活動である。

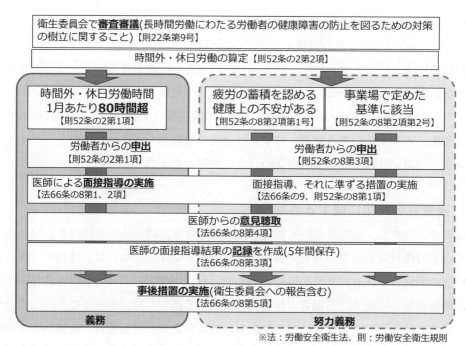

図6-4　長時間労働者への医師の面接指導実施に関する一般的な手順

　常時50人以上の労働者を使用する事業場に求められているのは、衛生委員会で長時間にわたる労働による労働者の健康障害の防止を図るための対策の樹立に関することを調査審議すること（労働安全衛生規則第22条第9号）である。この中には長時間労働者への医師の面接指導対象者選定方法も含まれる。努力義務とされている「長時間の労働により、疲労の蓄積が認められ、又は健康上の不安を有している労働者（労働安全衛生規則第52条の8第2項1号）」を対象とするか、事業場独自の基準を定める（労働安全衛生規則第52条の8第2項2号）かを審議しなければならない。そして決定した対象に対しては1月あたり80時間超の対象と同様に法的要求事項として扱うべきである。従って、事業場の衛生委員会にて、長時間の労働により、疲労の蓄積が認められ、又は健康上の不安を有している労働者として1月あたり45時間超かつ疲労度チェックリストで負担度の高い者を面接指導の対象とした場合、法令の要求事項である1月あたり80時間超の対象と同様に対応する必要がある。また、併せて衛生委員会では対象者全員に面接指導を行うのか、面接指導に準ずる措置を行うのかも審議し、その決定事項に基づいて対応する。逆に衛生委員会で法令の義務である1月あたり80時間超以外に基準を設けないということを審議・決定した場合には、図6-4の右側のフローは求められないこととなる。努力義務の活動を除いた図6-4のフローは、全て法的要求事項に該当するため、活動の手順の中に確実に含まれている必要がある。

4）文書化・最新版管理（箇条6.1.3.a））とコミュニケーション（箇条6.1.3.b））

前項で決定した要求事項を具体的な手順として文書化する必要がある。ある事業場の衛生委員会で、法定の1月あたり80時間超のみではなく、1月あたり45時間超かつ疲労度チェックリストにより総合判定度の高い者を対象とし、申し出た者に当該事業場の産業医が面接指導を行う場合の手順の一例を表6-1に示す。当該事業場の産業保健職は、非常勤で訪問は1月あたり1回で3時間程度の嘱託産業医、常勤の看護職1名であることを想定している。

長時間労働者に対しての面接指導は、事業場内の全ての部門が対象となるため、手順、進め方などについては衛生委員会で周知することが適切である。

5）順守状況の評価（Check）と非順守時の改善（Act）

規格要求事項に基づき、評価の頻度や方法、順守状況に関する知識と理解を維持する内容を含んだ順守状況を評価するプロセスを確立する必要がある。一般的には、規格要求箇条6.1.3に基づき、産業保健活動全体に関連する法令リストを作成し、法改正などの管理をすることが多い。そのリストに基づき、順守状況の管理をすることも可能だが、手順に基づいて順守状況を評価すると、具体的な活動一つひとつの評価が可能となる。前項の長時間労働者に対する産業医の面接指導の手順に基づいた順守評価プロセスの一例を表6-2に示す。順守評価の頻度については、1年に1回行うものとした。

このプロセスで順守状況を評価し、非順守事項があった場合には是正措置が必要である。例えば、長時間労働者に対する産業医の面接指導の手順で非順守が起きやすいのは、「9 意見に基づく配慮」の部分だろう。産業医による意見が出された直後は比較的問題なく順守される。しかし、長期間経過した場合や、該当者の上司が変更になったタイミングなど、配慮が継続されにくくなることがある。従って、是正のポイントとして、就業制限該当者に対しては、定期的な産業医面談を行い、制限内容が順守されているかどうか確認するステップを入れると非順守を防ぐことができる。

先述の通り、多くの事業場ではすでに法令に基づいて産業保健活動を行っている。そのため、現在の活動を元に手順の文書化と順守評価の文書化をすることで、基本的に法令順守をクリアしたISO45001の中での産業保健活動の運用が可能となる。

（コマツ健康増進センタ副所長　平岡　晃）

表6-1 長時間労働者に対する産業医の面接指導の手順

文書番号XXXXXXX

	項目	適用法令	内容	人事	上司	産業医	保健師	備考
1	時間外労働時間・休日労働時間の算定	則52条の2第2項	事業場人事担当者は、毎月○日までに、従業員の前月の時間外労働時間・休日労働時間を集計する。	◎				
2	長時間労働者リストの作成・送付	則52条の2第1項、則52条の8第2項第1号、則52条の8第2項第2号	事業場人事担当者は、時間外勤務時間が45時間を超える従業員対象者リストを作成し、産業医・保健師に送付する。	◎		○	○	
3	疲労度調査の実施	法66条の9、則52条の8第1項	保健師は、時間外勤務が45時間を超える従業員に対して疲労度チェックリストを送付して記載を求めるとともに、上司にも協力を求める。				◎	
4	産業医の面接指導対象者リストの作成		産業医は、疲労度チェックリストに基づき、面接指導の必要性を判断する。保健師は、面接指導対象者リストを作成し、人事担当者に送付する。	○		◎	◎	
5	産業医面接指導の日程調整		事業場人事担当者は、当該労働者の上司および保健師と連携して、産業医面接指導の日程を調整する。	◎			○	
6	産業医面接指導の実施	法66条の8第1、2項	産業医は当該労働者の面接指導を実施し、判定区分・就業上の措置を決定する。			◎	△	
7	人事担当者及び上司に対する説明	法66条の8第4項	産業医が、就業制限が必要と判断した場合には、人事担当者及び上司に説明を行う。	○		◎	△	
8	産業医による意見書の作成	法66条の8第3項	産業医は、面接指導及び上司等との説明結果に基づき、意見書を作成し、上司及び人事担当者に送付する。	○		◎		
9	意見書に基づく配慮	法66条の8第5項	上司は、意見書に基づく当該労働者の就業配慮を実施する。	○	◎			
10	衛生委員会での報告	法66条の8第5項	事業場人事担当者は産業医意見を衛生委員会で報告する。	◎				

*法:労働安全衛生法、則:労働安全衛生規則

表6-2 順守状況の評価（長時間労働者に対する産業医の面接指導の手順）

文書番号XXXXXXX

	項目	適用法令	内容	法令の変更の有無	頻度	実施者	評価方法	順守状況(Oor×)	備考
1	時間外労働時間・休日労働時間の算定	則52条の2第2項	事業場人事担当者は、毎月〇日までに、従業員の前月の時間外労働時間・休日労働時間を集計する。		1回/年	人事	毎月の集計の日付と実績を確認する他の時間管理システムとのズレがないかサンプリング調査する。		
2	長時間労働者リストの作成・送付	則52条の2第1項、則52条の8第2項第1号、則52条の8第2項第2号	事業場人事担当者は、時間外勤務が45時間を超える従業員対象者リストを作成し、産業医・保健師に送付する。		1回/年	人事	毎月の対象者リストを確認する。		
3	疲労度調査の実施	法66条の9、則52条の8第1項	保健師は、時間外勤務が45時間を超える従業員に対して疲労度チェックリストを送付して記載を求めるとともに、上司にも協力を求める。		1回/年	保健師	毎月の疲労度チェックリストの回収率を確認する。		
4	産業医の面接指導対象者リストの作成	―	産業医は、疲労度チェックリストに基づき、面接指導の必要性を判断する。保健師は、面接指導対象者リストを作成し、人事担当者に情報を提供する。		1回/年	人事	毎月の対象者リストと面接指導実施率を確認する。		
5	産業医面接指導の日程調整	―	事業場人事担当者は、当該労働者の上司及び保健師と連携して、産業医面接指導の日程を調整する。		1回/年	人事	毎月の対象者の面接指導実施率を確認する。		
6	産業医面接指導の実施	法66条の8第1、2項	産業医は当該労働者の面接指導を実施し、判定区分・就業上の措置を決定する。		1回/年	人事	毎月の意見書の判定区分・就業上の措置を確認する。		
7	人事担当者および上司に対する説明	法66条の8第4項	産業医が、就業制限が必要と判断した場合は、人事担当者および上司に説明を行う。		1回/年	人事	作成意見書のうち就業制限が必要だった対象と説明の実施件数を確認する。		
8	産業医による意見書の作成	法66条の8第3項	産業医は、面接指導及び上司等との説明結果に基づき、意見書を作成し、上司及び人事担当者に送付する。		1回/年	人事	毎月の面談実施件数と意見書件数を確認する。		
9	意見書に基づく配慮	法66条の8第5項	上司は、意見書に基づく当該労働者の就業配慮を実施する。		1回/年	人事	就業制限の状況を対象者の上司に確認する。		
10	衛生委員会での報告	法66条の8第5項	事業場人事担当者は産業医意見を衛生委員会で報告する。		1回/年	人事	毎月の産業医意見書と衛生委員会の議事録を確認する。		
11	その他法令の変更の有無	労働安全衛生法全般	上記、活動以外の要求事項の有無を調べ、必要に応じて活動を追加する。		1回/年	人事	安全衛生法令情報センターHPや安全衛生法令一覧で法令改正の有無を確認する。		
12	関係者への順守状況の周知	―	上記、1〜11の順守状況評価について記録し、知識と理解の維持に努める。		1回/年	人事	毎年の順守状況評価について記録と衛生委員会議事録を確認する。		

※上記のプロセスに基づき、長時間労働者に対する産業医の面接指導の手順について、規定された実施者が規定の順守で法的要求事項の順守状況を評価する。

＊法：労働安全衛生法、則：労働安全衛生規則

第7章
マネジメントシステム上の産業保健プログラムに関する目標・KPIとPDCA

　OHSMSで産業保健プログラムを展開していく際には、適切な目標・KPIを設定してPDCAを回していくことが重要である。KPIは定量的に目標を測定する指標であり、可能な限りKPIを設定して産業保健プログラムを展開していくべきである。プログラムの評価は、あらかじめ決定した目標・KPIに従って行われ、その結果から問題点や新たな課題を見出して改善につなげていく。らせん状にPDCAを回す継続的改善の仕組みを活用して、産業保健プログラムの最適化を図ることが重要である。

1 OHSMS上での健康の位置付け

1）マネジメントシステムに健康を位置付ける意義

　これまでの日本の産業保健活動は法令順守型で行われてきており、全ての産業保健活動をOHSMS上で運用している企業は少数である。OHSMSの基本は、リスクアセスメントの実施とその結果に応じたリスク低減と捉えられるが、リスクの大きさに関わらずリスク低減の内容が法令で規定されている状況では、健康配慮義務を果たすためのマネジメントシステムをわざわざ構築する必要はなく、法令順守の仕組みがあれば事足りるという状況にあった。しかしながら、健康配慮義務という言葉が広く認識され、さらにそのカバーする範囲が広がっている現状や、健康経営という概念が注目され予防的な取組みを戦略的に実践する動きが広がっている現状から、産業保健活動をOHSMSに組み込んで展開していくことの意義が非常に大きくなっている。

　健康をOHSMS上に位置付けて産業保健活動を展開していく一連の過程において、健康リスクを評価し対処していく必要が生じるが、その際には産業医や保健師などの産業保健スタッフの存在が欠かせない。作業環境や人間工学などの労働衛生の領域であれば衛生管理者等の担当者が労働安全衛生リスクの評価を行うことも可能であるが、そこに個人の健康リスクの評価が加わると正確なリスクの評価に限界が生じる。さらに、職務適性の問題や健康の保持増進などの個人の健康の領域になれば、産業保健スタッフなどの専門家に任せざるを得ないという状況になる。従って、産業保健活動をOHSMSに組み込んで展開していくためには、産業保健スタッフの参画は不可避であり、また、質の高い活動を行うためには産業保健スタッフは必要な力量を身に付けている必要がある。

　次に、OHSMSを用いて産業保健活動を展開することの価値について考えてみたい。OHSMSには、リスクアセスメントの結果をもとにPDCA（Plan-Do-Check-Act）という一連のサイクルを回す仕組みが組み込まれており、従来行ってきた健康診断の事後措置、適正配置、過重労働対策、メンタルヘルス対策などの産業保健活動をOHSMSという仕組みに載せていくことで、その目的を達成することができるとともに継続的な改善が期待できるようになる。

2）マネジメントシステムに産業保健を取り込む手順

　おそらく多くの企業や事業場ではOHSMSとは関係なく産業保健活動を展開してきたと思われる。これから産業保健活動をOHSMS上で運用していこうとする場合には、マネジメントシステムの骨格である基本方針や労働安全衛生目標の中に衛生や健康に関する事項を位置付けることが必要となる。さらに年間計画に産業保健活動を組み入れることによって、従来の産業保健活動がOHSMS上の産業保健プログラムとなって

図7-1　OHSMS に産業保健を取り込む手順

機能するようになる（図7-1）。

2 マネジメントシステムに合わせた産業保健プログラムの分類

1）産業保健プログラムの分類

　ISO45001では、「取組みの計画」と「目標を達成するための計画」を策定することが求められており、産業保健プログラムはそれらの計画に盛り込んで運用していくことになる。

　ISO45001の発行に合わせて、4S（整理・整頓・清掃・清潔）活動やKY（危険予知）活動といった職場で日常的に行われている安全衛生活動や働く人の健康確保の取組みなどを要求に加えたJIS Q 45100が日本独自の規格として制定された。国際性を担保しつつ厚労省OHSMS指針と整合しており、従来のOHSMSの枠組みを維持しながら発展的に適用、運用することができるようになっている。しかしながら、健康リスク管理や産業保健プログラムの展開は、ISO45001でも十分に運用することができるため、どちらの規格を導入するのかは企業の実情に合わせた選択となる。

　「取組みの計画」として、ISO45001とJIS Q 45100ではそれぞれ以下の事項の取組みを計画するように規定されている。

　■ISO45001（箇条6.1.4 a)）
　　1）決定したリスク及び機会に対処
　　2）法的要求事項及びその他の要求事項に対処
　　3）緊急事態への準備・対応
　■JIS Q 45100（箇条6.1.1）
　　a）法的要求事項及びその他の要求事項を考慮に入れて決定した取組み事項
　　b）労働安全衛生リスクの評価を考慮に入れて決定した取組み事項

c）安全衛生活動の取組み事項（法的要求事項以外の事項を含めること）
d）健康確保の取組み事項（法的要求事項以外の事項を含めること）
e）安全衛生教育及び健康教育の取組み事項
f）元方事業者にあっては，関係請負人に対する措置に関する取組み事項

　上記の事項に衛生や健康に係る取組みを含めていくことになるが、具体的にどのような産業保健プログラムがあるのかについては、JIS Q 45100の附属書A（特に健康領域の項目）に例示されている（40ページ）。産業保健活動を全て網羅しているわけではないが、法令要求関連事項からリスク関連事項、ニーズに基づく活動、各種教育まで含まれており、多くの企業で共通的に行われている取組みが列挙されている。

2）緊急事態への準備と対応

　決定されたリスクや機会への取組み及び労働安全衛生目標を達成するための計画した取組み以外に、緊急事態が発生した場合に備え、その準備と対応を検討しておく必要がある。早期に対応して被害の拡大を防ぐとともに、原因を究明して再発防止を行うことが重要であり、必要なプロセスを確立することがISO45001で求められている。想定される緊急事態としては、重篤な傷病の発生、火災及び爆発、死亡事故や自殺の発生、震災等の大規模な自然災害、化学物質や細菌等を用いたテロの発生などがある。緊急事態への計画的な対応は過去の事例などを参考にするとよい。また、役割や連絡ルートの明確化、備品の準備、教育訓練などを行うことになるが、これらの準備については産業保健プログラムとして計画的に実施していく必要がある。

3）産業保健プログラムの計画への結び付け

　産業保健活動をOHSMSの中で計画的に実行するためには、
- 労働安全衛生リスク及びOHSMSに対するその他のリスクとして評価されるか
- 労働安全衛生機会及びOHSMSに対するその他の機会として評価されるか
- 法的要求事項であるか
- 企業や事業場としてその他の要求事項として位置付けるか
- 緊急事態として必要な活動として位置付けるか
- 安全衛生目標を達成するための取組みとして位置付けるか

のいずれかに該当する必要がある。しかし、企業で行われている産業保健活動の内容を見ていくと、必ずしも上記のいずれかに該当するわけではなく、むしろ複数の要素を含んだ活動となっていることが多い。そのため、行っている産業保健活動を性質によって分解して、OHSMSのプロセスに載せていく必要がある。

　従って、「一般定期健康診断」、「適正配置」、「化学物質のリスクアセスメント」、「海外勤務者の健康管理」、「保健指導」、「過重労働対策」、「メンタルヘルス対策」、

「母性健康管理」、「健康保持増進施策」などの産業保健活動の柱となるような"大きな"産業保健プログラムは、可能であればプロセスとして文書化し、OHSMS上のサブシステムとしPDCAを回して運用していくのがよい。一方、労働安全衛生方針・目標に基づく活動やリスクや機会への取組み、もしくは"大きな"産業保健プログラムを分解した活動である「肥満対策」、「禁煙キャンペーン」、「睡眠衛生教育」、「高ストレス職場への介入」、「セルフケア教育の受講率向上」などの"小さな"産業保健プログラムについては年間計画に掲げてPDCAサイクルを回して活動を展開していくことになる。いずれにしても、企業で行われているさまざまな産業保健活動をOHSMSのプロセスにうまく載せていき、計画に結び付けて活動を展開し、継続的な改善を図っていくようにしなければならない。

3 産業保健プログラムの実施

1）目標・KPIの設定

　産業保健プログラムをOHSMSで運用するためには、適切な目標設定が必要になってくる。目標は実現可能なレベルが望ましく、スローガンなど現実的でない目標を設定しないようにしたい。そのためには企業のニーズや現状の労働衛生・健康水準を的確に把握し、それらを定性的又は定量的に評価しなければならない。可能な限り定量的で数値目標が設定できる目標とすることが望ましい。

　実際には、目標に見合った労働安全衛生パフォーマンスが発揮されているかを評価するために、達成基準を含んだKPI（Key Performance Indicator：重要評価指標）を設定していくことになる。KPIを適切に設定することで、目標をかみ砕いて何をすればいいのかイメージできるようになり、産業保健活動を客観的な基準で評価、改善できるようになる。

　評価指標は、活動の目的や目標との関係で分類するいくつかの方法がある。その代表的な分類を以下に示す。これらの分類を参考にしながら目標、KPIを設定していく。

■マネジメントシステムによる産業保健活動より
　① アウトカム評価：活動の目的そのものが達成できているかどうかの評価
　② パフォーマンス評価：目的につながる中間段階の成果が上がっているかの評価
　③ プロセス評価：手順通り活動が行われているかどうかの評価

■標準的な健診・保健指導プログラムより
　① アウトカム評価：事業の目的・目標の達成度、成果の数値目標に対する達成度
　② アウトプット評価：事業の目的・目標の達成のために行われる事業の結果に

対する評価
③ プロセス評価：事業の目的・目標の達成に向けた過程や活動状況の評価
④ ストラクチャー評価：事業を実施するための仕組みや体制の評価

　目標、KPIの設定では、アウトカム評価を設定することが望ましいが、プログラムによってはパフォーマンス評価やプロセス評価を設定する場合もある。例えば、騒音障害の防止のプログラムであれば、騒音性難聴の発生件数がアウトカム指標となる。一方、騒音障害を防止するための対策や手順は多く存在しており、「騒音測定結果等に基づくリスクアセスメントの結果、必要に応じて作業者に耳栓が支給され、保護具の着用に関する労働衛生教育が実施される」という手順があった場合には、耳栓の着用率や教育実施回数、受講率なども評価指標となり得る。これらは、パフォーマンス評価やプロセス評価に相当する。さらに、騒音障害を防止する手順そのものの作成を評価指標とした場合には、ストラクチャー評価に関する指標となる（図7-2）。

　産業保健プログラムのKPIは、労働安全衛生方針の中で表現された「衛生」「健康」に関する方針（産業保健の目的）の達成度を表すように配慮されていることが望ましい。

　労働安全衛生方針に応じて、産業保健プログラム（以下、「プログラム」という）を企画、計画し、適切なKPIを設定していくことになるが、その際には、評価指標の分類を意識してKPIを設定していくことが重要である（表7-1）。

　また、KPIを設定するにあたって留意しないといけないことはその指標が現実的で努力によって達成できるかということである。ISO45001でパフォーマンスは「測定

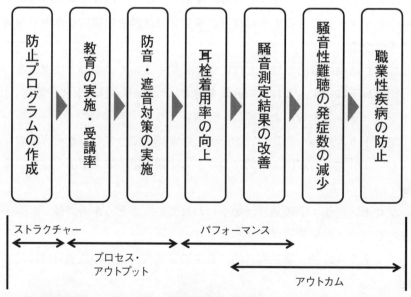

図7-2　騒音障害防止プログラムの評価指標（例）

表7-1 産業保健プログラムのKPI（例）

労働安全衛生方針	労働安全衛生目標	個別産業保健プログラム/KPI		評価指標の分類
職場に存在する健康と安全に関するリスクを評価し低減します	健康と安全に関する全てのリスクの洗い出しと低減対策を実施する。 目標：リスクアセスメント実施率100% 目標：業務上疾病の発生ゼロ	新規化学物質のリスクアセスメントの実施	・リスクアセスメント結果に基づく対策の実施 完了率100%	パフォーマンス評価
		高年齢労働者の転倒対策	・転倒防止教育 受講率95%以上	プロセス評価
			・転倒災害 3件以下	アウトカム評価
心身両面の疾病予防及び健康の保持・増進に向けた取組みを充実させます	保健指導や健康づくり活動等を通じ、疾病予防と健康意識の向上を図る。 目標：在職死亡 年間3件以下 目標：ブレスロー健康習慣 5つ以上の割合80%以上	糖尿病重症化予防プログラム	・プログラム対象者の参加率 60%以上	プロセス評価
			・参加者のHbA1c 1.0%以上改善	パフォーマンス評価
		睡眠衛生教育（健診問診結果から対象者を選定）	・対象者の教育受講率 80%以上	プロセス評価
			・ESSスコアの改善 対象者の30%以上	パフォーマンス評価
健康と安全に関する法令及び社内基準を順守し、より一層の労働安全衛生管理に努めます	法令や基準等のすべての要求項目に対して必要な対策を実施する。 目標：順守率100%	ストレスチェック実施	・ストレスチェック受検率 95%以上	プロセス評価
			・高ストレス者 1割減少	パフォーマンス評価
		過重労働者に対する産業医面談	・産業医面談 100%実施	プロセス評価
			・過重労働者1カ月80時間以上 3割減少	パフォーマンス評価
			・脳心疾患の発症 年間発症ゼロ	アウトカム評価

可能な結果」と定義されているように、KPIは数値目標管理として活用される。そのKPIは可能な限りアウトカム評価を設定するのが望ましい。アウトカムが何かということを明確にすることは、産業保健の目的や目標を再確認することにつながり、プログラムを展開する担当者の意識付けにおいても有用である。しかしながら、プログラムの成果がアウトカムとして確認できるまでには時間がかかることも多く、またプログラムそのものの評価には結び付きにくい場合も多いため、途中段階としてプログラムの実施率や参加率といったプロセス評価や、参加者の満足度や改善率などのパフォーマンス評価などの指標を同時に用いることを検討し、各評価のバランスを考慮したKPIを選択、決定しなければならない。

2）PDCAサイクルでの運用

マネジメントシステムは、継続的な改善を図るためにPDCA（Plan-Do-Check-Act）サイクルという仕組みを持っている（図7-3）。企業や産業保健スタッフは、産業保健プログラムをこのPDCAサイクルに載せて活動を展開していくことになる。従来

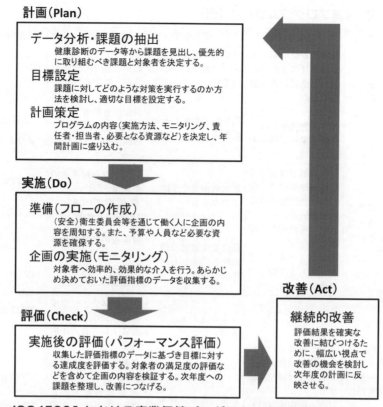

図7-3　ISO45001における産業保健プログラムのPDCAサイクル

の産業保健活動において、PDは比較的よくできていたが、CAがあまりできていなかった。また、PはCAを意識したものではなく、活動そのものの計画に留まっており到達点が曖昧であった。OHSMS上で産業保健活動を展開していくということは、CAを意識した計画の立案が重要となってくる。

　また、目標は当面の到達点であることから、一定期間ごとに達成状況を評価していかなければならない。その評価結果を次の改善に結びつけていくことがマネジメントシステムのPDCAサイクルの成立要件である。多くの企業では決算サイクルを前提として単年度の目標と計画を策定して管理している。もちろん、企業でも中期経営計画があるように産業保健についても中期目標、中期計画があってもよい。中期の労働安全衛生目標があれば、方針の内容を実現していくためのマイルストーンとして道筋を示すことになり、産業保健スタッフはミクロな視点に陥った活動に偏ることなく、地道な活動を含めてバランスの取れた活動を展開することができるようになる。

　ISO45001では労働安全衛生パフォーマンスの向上が重視され、実効性のある活動や結果が求められている。具体的には、労働安全衛生目標は評価指標と数値目標の組み合わせで示され、運用の計画及び管理の徹底が求められている。労働安全衛生パフォーマンスをモニタリング、測定、分析、評価することで、労働安全衛生パフォー

マンスの有効性を高めている。

また、OHSMSにおけるPDCAの特徴の一つは、働く人（worker）の協議及び参加が求められていることである。ISO45001ではトップのリーダーシップはもちろんのこと、働く人が参加してきちんとボトムアップもしないと健康障害の防止はできないという考え方になっている。

3）産業保健プログラムの実施

目標やKPIに従ってそれを達成するためのプログラムを立案していく際の手順について考えていきたい。まず、目標設定の期間（多くの場合は1年間）に合わせて、プログラム全体のフローを作成する（図7-4）。そのフローの中に、具体的な実施方法、モニタリング、責任者・担当者、必要となる資源などを入れていく。プログラムを展開していく前にこれらの内容をしっかりと吟味し、フローとして見える化しておくと、「このプログラムは何を目的として、誰を対象に、どのような内容で実施する

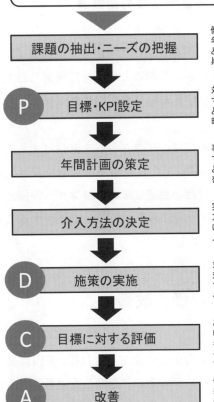

図7-4　健康保持増進施策の企画（例）

のか、どのような成果を期待するのか」といったことが明確となり、プログラムの実現性や実効性が高まる。

　立案したプログラムの有効性が担保されていることも重要なポイントである。仮に、優先順位の高いニーズに対してゴールを設定してプログラムを企画したとしても、そもそもプログラム自体が有効性に乏しい場合には、思うような成果は得られず、PDCAを回しても意味はない。実施しようとしているプログラムがすでに有効性が確認されたものであるか判断する必要がある。もちろん有効性が確認されたものばかりではないため、時には仮説を立てて仮説立証のための試行的なプログラムと位置付けて活動を展開していくこともあると思われる。プログラムを企画する際にそういったことがきちんと検討され、スタッフ間で認識されているかという点がとても重要である。

　また、プログラムを企画する際には、コスト面の検討も行ってほしい。産業保健活動を企業活動として行うのであれば、費用対効果の検討は不可避である。産業保健活動の全体のバランスの中で、どの活動にどれだけの費用をかけて成果を出していくのかということは、活動の優先順位や人的資源との兼ね合いを考えて検討してほしい。

4）産業保健プログラムを外部委託する際の留意点

　メタボリックシンドローム（メタボ）対策の重症化予防プログラムや健康づくり活動の一部などを外部委託している場合がある。当然ながら産業保健プログラムの外部委託にはメリットとデメリットがあるが、そのことを十分に検討した上で委託していく。ISO45001では、OHSMSに影響を与える外部委託されたプロセスを特定し、確実に管理することを求めている。

　外部委託を効果的なものにするためには、プログラムを丸投げすることなく、自社内での活動と同様にOHSMS上に位置付けて、仕様書等の形式で委託先に対する要求事項を明確にする。委託先の選定、目標の設定、モニタリング、評価、委託先の見直しといったプロセスを定め、OHSMSの内にあるものとして管理することが重要である。

4 産業保健プログラムの評価、改善

1）プログラムの評価

　プログラムの評価は、基本的にはあらかじめ決定した目標、KPIに従って行う。プログラムが計画通りにマネジメントシステム上の"意図した成果"が達成されたことを確認するためには、モニタリング、測定、分析、パフォーマンス評価のプロセスを定めて実施、かつ維持していかなければならない。これらは一連のマネジメントシス

テムの実施結果や内部監査の結果を受けて行うものではなく、プログラムの実施の過程や状況に応じて、適切な実施時期を決定して進めるものである。

モニタリングとは、状況の継続的なチェック、監督、批判的観察、又は判断を含んだものであり、期待されるパフォーマンスレベルからの変動を特定していくものである。パフォーマンス評価とは、設定された目標の達成のために評価対象の適切性、妥当性及び有効性を決めるものである。

多くの企業や事業場では、安全衛生活動の年間計画が策定され計画表によって管理されている。この計画表の中に、各プログラムの進捗状況の確認や評価を盛り込んでいくとフォローが容易となる。さらに、この計画表とは別に、一定期間ごとに達成目標に到達できたかどうかを確認するために、プログラムごとに目標の達成状況を一覧表にして管理していくことが望まれる。そうすることによって、評価結果を関係者と共有することが可能となり、内部監査の資料やマネジメントレビューの労働安全衛生パフォーマンスに関する情報となり得る。

2）継続的改善の重要性

プログラムの評価は、評価そのものが目的ではなく、その結果から問題点や新たな課題を見出して改善につなげていくことが目的である。らせん状にPDCAを回す継続的改善の仕組みを活用して、プログラムの最適化を図ることが重要である。つまり、単に問題点の改善や課題への対応を行うだけではなく、常にもっと有効な手段はないかを探し、労働安全衛生方針に掲げた内容を実現していくための改善を続けていくことが重要である。

5 産業保健プログラムの中での産業保健専門職の役割

1）求められる役割～力量、コミュニケーション

プログラムが有効に機能していくためには、プログラムの企画、計画、実施、評価、改善に関わる産業保健専門職が必要な力量を備え、求められる役割を果たしていることが必要条件となる。力量とは、「意図した結果を達成するために、知識及び技能を適用する能力」であり、適切な教育、訓練又は経験により確実に力量を保有しなければならない。具体的に求められる役割は、課題を把握し分析すること、効果的・効率的な課題解決の方法を見出すことであり、OHSMSに対する知識や経験、産業保健活動の体系的な理解に基づくものである。

また、OHSMSでは経営者をはじめ、管理監督者、労働者といった組織を構成するさまざまな立場の人々の参画が必要であり、これらの人々が産業保健に対する力量を備えていることも求められている。産業保健専門職はこれらの人々と適切にコミュニ

ケーションを図り、力量の向上にも貢献していく必要がある。労働安全衛生方針や労働安全衛生目標の設定、安全衛生委員会や産業保健プログラムの実施を通じた労働者との協議や情報の伝達、マネジメントレビューなど、さまざまな場面でコミュニケーションを図っていくことが重要であり、産業保健プログラムのパフォーマンスの向上にも寄与するものである。

2）人材育成と専門性の向上

OHSMS上で健康を位置付けて、産業保健プログラムを展開していくためには、産業保健専門職の参画は不可欠である。企業では必要な力量を備えた人材を育成していく必要があり、専門性の向上のための教育や研修を行い、実務で経験を積ませなければならない。産業医、産業保健師、インダストリアルハイジニスト（産業保健専門家）などの専門職は、資格の取得及び更新、専門知識の習得、相応しい態度、専門能力向上の評価などに努め、日々の産業保健活動の質を向上させるとともに、新たに発生する課題や社会情勢の変化に素早く対応し、必要な対処を図っていくことができる能力を身につける必要がある。さらに、それぞれの専門職が専門性を発揮して、相互に連携することは、質の高い産業保健プログラムの実施に不可欠である。

（ブラザー工業株式会社健康管理センター統括産業医　上原正道）

参考文献
・『マネジメントシステムによる産業保健活動』（2003年）、『企業・健保担当者必携！！　成果の上がる健康経営の進め方』（2019年）、『自主的産業保健活動の標準プロセス』（2008年）いずれも森晃爾著、株式会社労働調査会発行

第8章
マネジメントシステムの監査（システム監査）と産業保健プログラム

　ISO（JIS Q）45001が発行されたことにより、日本国内においてもOHSMSを活用した自律的な労働安全衛生活動の普及が期待される。本章ではOHSMSの構成要素の中で、PDCAサイクルの「C：Check」の部分を占める、システム監査（パフォーマンス評価内の内部監査）について解説するとともに、内部監査を活用して産業保健プログラムを有効に運用するためのポイントを示す。

　なお、ISO（JIS Q）45001を導入して外部の認証（第三者認証）を取得する組織もあることから、内部監査に関する要求事項も引用した上で具体的な解釈を示し、さらにそれらを企業内で展開する際の事例（運用例）も紹介する。

1 マネジメントシステムにおける「監査」とは

マネジメントシステムは組織が目指す最終目的を達成するために「方針を掲げ、目標を設定し、ルールを作り、体制を整え、個別の取組みを行い、その結果を評価（監査）した上で、さらなる目標を設定する」という一連のプロセスを繰り返すことで、継続的な改善を実現させるツールである。

その中で「監査」はマネジメントシステム全体の〈有効性を検証するプロセス〉となっている。単に検証といっても、「年初に設定した目標に到達したか」を確認するものから「行っている活動自体が組織的特徴や時代背景、最新の科学的知見や情報などをもとに、〈最も効率的かつ効果的なシステムとなっているか〉」を評価するものまで含まれる。監査はその後者にあたり、「組織全体を巻き込んだ有効な仕組みとなるよう、どうマネジメントシステムを改善すればよいか」を、組織的・多角的に検証する重要な機会となる。

優れたOHSMSは、この監査が十分に機能しており、PDCAが回るごとに新しい改善の「芽」が見出され、目に見える形でマネジメントシステムが成長（変化）し洗練されていく。当然、そこで展開される安全及び健康（以下、「労働安全衛生」という）に関する取組みもレベルアップしていくこととなる。しかし監査の真の機能や役割を十分に発揮できず、外部の認証を取得するためだけの形骸化したものとなっていることもしばしば見られる。そこで以下では外部監査（第三者による認証監査）との違いを述べたのち、内部監査を有効に活用するための考え方やエッセンスについて、JIS Q 45001及びJIS Q 45100の要求事項との関係も示しつつ解説する。

2 外部監査（第三者による認証監査）と内部監査の違い

「監査」には、社外の監査員（外部監査員）によって実施される「外部監査（第三者による認証監査）」と社内の関係者（内部監査員）によって実施される「内部監査」の大きく2つの種類がある。

外部監査はOHSMSがISO（JIS Q）45001、JIS Q 45100の要求事項に「適合」しているかを評価するものであり、日本国内に複数存在する認証機関（Certification Body）により実施され、監査のプロセスはISO17021（適合性評価－マネジメントシステムの審査及び認証を行う機関に対する要求事項）をもとに実施される。なお、第三者による認証監査の具体的な手順は各認証機関がそれぞれ運用ルールを定めており、それらに従って実施される。このプロセスにより、OHSMSがISO（JIS Q）45001及びJIS Q 45100の要求事項に適合していることが認められると、認証機関から「認証」のお墨付きが与えられる。

一方「内部監査」は要求事項への「適合性」の評価ととともに、OHSMS自体の「有効性」を評価するものであり、内部監査プログラムとして、いくつかの要求事項（後述）を満たす必要があるものの、それらを満たしさえすれば各企業や事業場ごとに独自の運用ルールを策定して実施することができる。つまり、企業自らが主体的に内部監査の実施方法を決定し運用できるわけである。言い換えれば、内部監査プログラムをどのように構築するかにより、形式的な内部監査にすることも、より有効性の高い内部監査にすることもできるのである。

1）外部監査（第三者による認証監査）の特徴

　外部監査は社外認証機関の監査員が第三者認証の監査プロセスとルール（ISO17021：適合性評価－マネジメントシステムの審査及び認証を行う機関に対する要求事項）に従い実施するもので、企業や事業場内で展開されているOHSMSに基づく活動と要求事項との「適合度」を評価するものである。結果は要求事項への「適合」、「不適合」に分類され、「不適合」と評価された事項が深刻な場合（重大な不適合が指摘された場合）は、第三者認証が取得できないこととなる。また監査報告書には、監査時に観察された事項（当該組織の活動の中で特筆すべき事項など）を記載することもある。外部監査の特徴をまとめると表8－1のようになる。

2）内部監査の特徴

　一方、内部監査は各企業・事業場で内部監査プログラムを構築し運用することができる。通常は社内の人間が実施する場合が多いものの、企業によっては社外の専門家（労働安全衛生の専門家や有識者、労働安全衛生コンサルタントなど）を内部監査員の一員として招聘し、社内の監査員と合同で内部監査を実施している場合もある。一般的な内部監査の特徴には表8－2のようなものがある。

　内部監査の結果は、要求事項への適合性（適合、不適合）と活動の有効性（良好事項、要改善事項など）に分類することが一般的であり、これらを組み合わせて結果を表現することもできる。また内部監査員から被監査部署への具体的な改善のための助言や提案も可能である。

表8－1　外部監査の特徴

1）社外の（認証を取得する企業の外の）監査員が決められたルール（ISO/IEC17021-1）に則り、OHSMSの運用状況をISOの要求事項と照らし合わせ、適合性評価を行う。 2）外部専門家の視点で社内では気付きにくい新たな改善のきっかけを与える機会となる。 3）OHSMSの有効性よりも、ISO要求事項の適合性に力点が置かれる（傾向がある）。 4）不適合の具体的な解決手段や監査員の個人的な経験などに基づく「助言や指示」が禁止されている。

表8-2 内部監査の特徴

1) 内部監査員は、基盤となる社内情報を被監査者（監査を受ける者や部署）と共有していることが多く、活動事項の背景（なぜそのような活動を行っているのか等）を理解しやすい。
2) 社内の組織体制や人員配置、経営状況、過去に発生した事故や災害、けがなどの先行情報を事前に把握していることが多く、組織の実情に踏み込んだ監査が可能となる。
3) 日ごろの労働安全衛生に関する活動状況に踏み込んだ現場目線での監査が可能である。
4) ISO（JIS Q）45001、JIS Q 45100の要求事項への適合度検証とともに事業場内で展開されている活動自体の有効性の検証に力点をおくことができる。
5) 被監査部署（監査を受ける部署）の課題や良好事例を知る機会となるため、それらを参考に監査員が自部署（監査員が所属する部署）の活動を見直したり、社内の他部署に対して良好事例を効率的に水平展開することができる。
6) 社内の関係者が監査員を担う場合、（社内のヒエラルキーや日常業務での関係性によって）被監査者（部署）への遠慮、躊躇が起きる可能性がある。
7) 内部監査がマネジメントシステムの外部監査（第三者監査）の認証を取得するための要求事項の一つであることから、実施自体が形骸化することがある。
8) 内部監査員の構成を工夫すること（例：他事業場の社員や社外の労働安全衛生に関する専門家を内部監査員の一員として招聘するなど）で、多様な視点からの監査が可能となり、OHSMSそのものの有効性を客観的な視点も含めて検証することができる。

3 ISO（JIS Q）45001におけるパフォーマンス評価と内部監査

2018年3月に発行された国際規格 ISO45001：2018とそれに続いて2018年9月に公示されたJIS Q 45001、JIS Q 45100には、OHSMSのシステムを検証する機能として「9　パフォーマンス評価」が記載されている。この中にはサブカテゴリーとして、「モニタリング、測定、分析及びパフォーマンス評価」と「内部監査」、「マネジメントレビュー」が掲載されている。

1) モニタリング、測定、分析及びパフォーマンス評価

「モニタリング、測定、分析及びパフォーマンス評価」には、評価の対象となる事項（例：法令順守、リスクアセスメント、組織目標の達成状況、運用及びその他の管理策の有効性など）と評価の方法、評価基準、評価時期、結果の報告時期などを規定することが求められている。さらにOHSMSの有効性を判断することやモニタリングなどに用いられる機器の校正、情報の管理についても触れている。
　また、法令順守（順守評価）についてはそのプロセス（順守の評価頻度や方法、必要な処置、法的要求事項及びその他の要求事項の順守評価に関する知識や理解の維持、順守評価結果の保存など）について詳細に決める必要がある。

2) 内部監査の目的は「適合性」と「有効性」の評価

内部監査には各組織が定める労働安全衛生に関する方針や目標（中期・年度）、

ISO（JIS Q）45001の要求事項との適合度を評価すること【適合性評価】と、OHSMSの有効性の評価を行うこと【有効性評価】が求められている。このことから、内部監査を行う者（内部監査員：後述）には、方針や目標と具体的な個々の安全衛生活動との適合度を検証できる力量が必要と考えられる。さらに、OHSMSの仕組みの一部として行われているさまざまな活動の有効性を評価することも求められていることから、多様な視点で労働安全衛生活動を検証し、良好事例の発掘に加えて問題点や課題の抽出を行い、よりよい取組みを提案できる見識も求められている（内部監査「箇条9.2.1 一般」より）。

3）内部監査の実施方法

具体的な内部監査の実施頻度や実施方法、実施責任者を明確にするとともに、監査計画の作成も求められる。監査実施時には前回（過去）の監査結果やその後の対応も確認しなければならない。各回の監査の際には、使用する監査基準や監査範囲を明示し、監査プロセスの客観性や公平性に配慮して監査員を選定の上、監査を実施しなければならない。

また、監査の結果は関係者に広く報告（周知）するとともに、経営層はもとより労働組合などにも共有することが求められている。また仮に不適合が発生した場合には確実に対処を行い、活動の継続的な改善に取り組むとともに、それらの結果を記録として残さなければならない（内部監査「箇条9.2.2 内部監査プログラム」より）。

4）内部監査実施要領（規定・手順書）の作成

上記をまとめると、社内で「内部監査に関する運用のための要領（場合によっては規定・手順書などともいう）」を作成するとよいと思われる。参考情報として、内部監査実施要領（OHSMSの関連文書：下位文書）の一部として利用できる内部監査報告書の例を表8-3に記す。

5）マネジメントレビュー

「マネジメントレビュー」には、トップマネジメント（経営者や事業場の最高責任者など）がOHSMSをレビューすることが記載されており、彼らに提供されるべき情報が項目ごとに整理されている。その中には、前回のマネジメントレビューの結果のほか組織内外の課題、安全衛生目標の達成度、安全衛生に関するパフォーマンス情報などがあり、内部監査の結果も含まれる。

OHSMSの中で行われる活動の評価と活動（プロセス）自体の適合性・有効性を検証しそれらを経営層（トップマネジメント）に伝達するプロセスが「内部監査」である。監査の結果はマネジメントレビューのインプット情報として経営層に直接伝達さ

表8-3 労働安全衛生マネジメントシステム　内部監査報告書

対象組織：	対象期間：　年　月　日～　年　月　日
監査実施日：	監査チーム：

評価点：　適合性　（　）　　　　　　　　有効性　（　）
特記すべき観察事項
優良事項（良好事例）
改善事項（重大な不適合）
推奨事項（軽微な不適合）
内部監査チームリーダー発行日　　　　　　年　　月　　日 　　　　　　　　　　　　署名
総括安全衛生管理者　受領日　　　　　　　年　　月　　日 　　　　　　　　　　　　署名

れることを考慮すると、内部監査が組織的な改善の強力なきっかけになると考えられ、その特徴と役割を十分理解した上で有効に活用したいものである。

4 内部監査員の養成と資格

OHSMSを導入し、運用を開始する際には内部監査員研修が必要となる。初めて内部監査に関わる場合は、社内外の研修に参加し、内部監査の目的や具体的な方法、監査員としての役割などを学ぶ。事業場内に他のマネジメントシステム（ISO9001：品質に関するマネジメントシステム、ISO14001：環境に関するマネジメントシステムなど）がすでに導入されており、内部監査員の社内資格を保有している場合は、労働安全衛生に関する知識や特徴などを追加で学ぶことでも対処は可能である。

5 内部監査前に確認しておくべき情報（文書・記録類）

内部監査員の役割を果たすには、事前に内部監査員研修を受けるとともに、被監査組織のOHSMSの概要を把握しておく必要がある。表8-4は内部監査員が事前に確認しておくべき文書・記録類の一例である。内容によっては時間を要するものがあるため計画的に準備を進める必要がある。

6 内部監査の流れ（半日～終日で実施する場合：例）

内部監査を大規模な組織で一斉に実施する場合は、通常半日から終日をかけて行う。また、対象となる組織の全部署を網羅的に実施する場合（数日から数週間をかけて実施する）や、いくつかの部署をサンプリング方式で選択し、複数年をかけて全ての部署を対象にする場合もある。内部監査の実施方法は、ISO（JIS Q）45001の要求事項に従い各企業や事業場が独自で決定することができるため、内部監査にかかる負

表8-4 内部監査前に確認しておくべき情報（文書・記録類）

1）組織チャート（被監査組織の組織図や安全衛生体制など）
2）方針・目標（労働安全衛生方針や年間目標など）
3）マネジメントシステム文書
4）適用範囲とレイアウト（マネジメントシステムが適用される部署など）
5）安全衛生活動実績
6）事故報告書
7）要領などのリスト（マネジメントシステムの関連文書として運用されている個々の要領や規定・手順など）
8）前回の監査結果の報告書と改善計画及び進捗状況

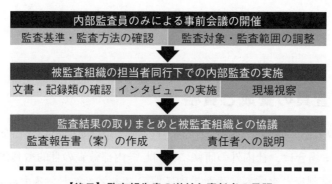

図8-1 内部監査当日の流れ（半日〜終日の場合）

担（内部監査チームならびに被監査組織・部署）と期待される効果を見極めながら企業が設定する。

　半日から終日をかけて内部監査を実施する際の当日の流れ（複数の内部監査チームで数カ所の被監査部署を対象に実施する場合を想定）は次の通りである（図8-1）。最初に、内部監査チームのメンバーで今回の内部監査の監査基準や方法、監査対象や監査範囲を確認し、それぞれの監査員の監査視点を共有する。その後、被監査組織の担当者の同行のもと文書や記録類の確認を行い、いくつかの被監査部署にインタビューを行い、現場巡視を行う。最後に、監査チーム全体の結果を取りまとめ、報告書（案）を作成し、被監査組織の責任者に報告する。その際、事実の誤認や報告内容の修正を行い当日もしくは数日内に内部監査チームのリーダーは報告書を被監査組織の責任者に送付し内部監査は終了する。

7 内部監査インタビュー時の留意点

　内部監査の多くの時間は、被監査組織・部署に対する内部監査員からのインタビュー（実施事項の手順や結果の確認を含む）が占める。インタビューでは、限られた時間内で、効率的に情報を収集することが求められる。インタビュー内容は記録に残し、報告書を作成する際の重要な情報源となる。留意点は表8-5の通りである。

8 インタビューの流れ

　インタビューを実施する際には、図8-2のようなステップで臨むとよい。まず監査計画に則り、インタビューの開始に先立ち、内部監査員の自己紹介を行う。その後、当該部署（被監査部署）のインタビュー終了時間を確認したのち、インタビュー

表8-5　内部監査インタビュー時の留意点

1）インタビュー内容はノート（メモ）や電子媒体（ノートPC）などに記録を残す
2）内部監査員は被監査部署に対する積極的な関与を心掛ける
3）内部監査員はインタビューを行った後、知見を文書化する（記録を整理する）時間を確保する
4）インタビューの際に得られた情報で、その後フォローアップ（事実確認や証拠の収集など）が必要な場合は、インタビュー対象者の詳細を記録する
5）インタビューが終わった後は、
　（ア）記録内容について詳細を述べ、内容を整理する
　（イ）インタビューのプロセスを通じて得られた主要成果についてまとめる
　（ウ）インタビュー後にフォローアップする必要のある課題・項目を特定する
　（エ）主要な結論と観察を記述する

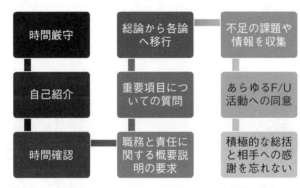

図8-2　インタビューの実施

　対象者（被監査者）の職務や安全衛生活動に関連する責任などの概要を質問する。インタビューは、監査当日に内部監査員同士で打ち合わせておいた重要確認事項について行う。インタビューは総論的事項から各論へと段階的に移行させる（質問の始めは、オープンクエスチョンにより実態の概要をつかみ、個別事項についてはクローズドクエスチョンで状況を確認する）。
　インタビューでは現状で不足している課題や情報の収集にも努め、得られた情報のうちフォローアップ（F/U）が必要な活動についての協力の同意を取り付ける。最後に、実施したインタビュー全体の総括を行い、対象者へ感謝の意を伝えて終了する。
　内部監査のインタビューは、被監査組織の最高責任者（マネジメント）や部門の管理職、一般の労働者に対して実施する。個別の部門においては、マネジャー（課長・係長など）や当該部署を担当する安全衛生担当者、勤務経験の浅い新人など幅広い職位と立場の異なる社員に対して実施すると、現場の実態をより詳しく把握することができる。なお質問項目は、インタビュー対象が当該組織の中で担う役割や責任、行っている活動と関連しているものを選択するため、組織的な目標や人員体制、予算などは当該組織の責任者に、個別の活動や社員自身が認識している安全衛生に関する事項

などは、部門の管理者（マネジャー）や一般社員に行う。インタビューを行う際の質問事項（例）を以下に記すので参照されたい。

　マネジメントインタビュー（経営層へのインタビュー）【例】
- 労働安全衛生活動の達成目標や今年度のゴールをどのように設定したか。
- 組織全体の安全衛生活動を推進するために、マネジメントとしてどのようなリーダーシップを発揮しているか。
- 安全衛生委員会や社員に対して、安全衛生活動の促進のためにどのようなメッセージを（普段から）伝達しているか。
- 労働安全衛生方針に掲げた事項を社員に浸透させるため、普段から意識的に行っていることはどんなものがあるか。
- 労働安全衛生マネジメントシステムを導入したことで、社内にはどのような変化が起こったか。

一般従業員(管理職を含む)へのインタビュー【例】
- 貴方が担当している職務の内容はどのようなものか。また、その中で安全衛生に関連するものはどのようなものがあるか。
- OHSMSの概要についていつ、誰から、どのように学んだか。
- 自分の部署で運用(適用)する必要のある安全衛生に関するルールや手順はどのようなものか。
- OHSMSの基本方針の中で、あなたが記憶している(覚えている)ものは何か。
- 現在、自部署で行っている安全衛生に関する活動で最も大きな課題は何か。
- OHSMS上の課題を見つけた際、どのようにして(どんな手順で)改善するか。
- OHSMSが導入されて、職場の労働安全衛生のレベルはどう変化したか。
- OHSMSマニュアル(システム文書や要領等)を実際の働く場面でどのように活用しているか。
- 今後OHSMSに基づく労働安全衛生活動を自部署内で推進するには、どのようなステップで進めれば良いか。
- 職場でのリスクアセスメントはどのように行っているか。
- OHSMSや労働安全衛生に関する研修で必要と思う事項には何があるか。
- など

9 内部監査チームの構成メンバーと特徴

　内部監査の機能と効果を強化する内部監査チームの構成メンバーのあり方と特徴を3つのパターンで紹介する。

1) 同一事業場の社員のみの内部監査チームの場合

　同じOHSMSを運用している内部監査員で全員が構成されているため、当該事業場の実態を最もよく把握している。行われている労働安全衛生活動の背景や具体的な内容を熟知している場合も多く、被監査部署から入手する情報の質・量ともに豊富である。そのため詳細な懸念事項や課題の指摘が可能で、また長年取り組んではいるものの改善が難しい案件などにも気付くことができる。一方、組織内では当たり前として実施されている良好事例など、他組織との比較が必要な事項に気付きにくい。また被監査者と旧知の仲であったり、普段から一緒に業務に取り組んでいる場合も多く、改善の指摘や提案の際に躊躇する可能性もあり得る。

2）他の事業場の社員を含む内部監査チームの場合

　自事業場以外のメンバー（同一企業の社員）が内部監査員を務める場合である。相互監査などと呼ばれることもあり、OHSMSを運用してはいるものの、その内情が異なることがあり、日常的に行っている活動を他者からの新鮮な視点で検証し、評価してもらうことができる。当該事業場の実情を理解するための時間を要すことがあり、被監査部署から入手する情報の質と量が不足することがある。しかし、企業風土や就業規則などが類似している場合も多く、企業としての大きな安全衛生方針のもとでOHSMSを運用している場合は、一定の緊張感のもと効率的に内部監査を実施することが可能である。また当該組織内では当たり前として実施されている良好事例などにも気付きやすいといった特徴がある。

3）労働安全衛生の専門家（有識者や研究者、労働安全衛生コンサルタントなど）を含む内部監査チームの場合

　社内外を問わず、労働安全衛生に精通した専門家が加わることで、リスク管理や詳細な法令、具体的な対策（科学的根拠に基づくものなど）について豊富な専門的知識のもとで内部監査が展開される。実施されている個々の安全衛生活動の背景や根拠、より効果的な施策や最新情報などにも精通していることがあり、被監査部署にも多くの学びや気付きの機会を提供する。ただし、事業場内の実情理解に時間を要する場合があり、内部監査員側に企業経験などがあるとより効率的に実施することができる。また、社内の実情を解説する補助者が同行することで内部監査をスムーズに進めることができる。社内の産業保健スタッフが内部監査員になると類似の効果が期待できる場合がある。専門家が関与することでマネジメントシステムの有効性を「労働衛生」の視点から検証することが可能になる。

10 産業保健スタッフ（産業保健専門職）が内部監査員となったら

　一定の研修と経験を有する産業保健スタッフ（例：日本産業衛生学会専門医・指導医、社会医学系専門医・指導医、労働安全衛生コンサルタントなど）が内部監査員になると、労働衛生専門家の視点からマネジメントシステムの有効性を検証することが可能になる。以下は、産業保健スタッフが内部監査員を行った際に確認された項目の一例である。

【観察事項・指摘事項（具体例）】

　設備（機械）安全、過重労働対策、メンタルヘルス対策（ストレス調査を含む）、化学物質の有害性並びにリスクアセスメント、現場の5S（整理・整頓・清掃・清潔・しつけ）、個人用保護具の管理、筋骨格系疾患の発生状況などの人間工学的問

題、健康管理に関する個人情報の管理体制、作業環境測定結果、労働安全衛生に関する法令順守、有害作業従事者への特殊健康診断、海外渡航者への健康診断、救急対応訓練、BCP（事業継続計画）における安全衛生体制　など

11 産業保健スタッフが内部監査に関与するには

　一言で「内部監査に関与する」といっても、参加の仕方により個人への負担や責任は大きく異なる。産業保健の実務を行いながら関与の割合を少しずつ増やしていく場合、まず内部監査の見学から始め、監査自体の流れや雰囲気を感じることから始めるとよい。次に内部監査の被監査者（監査を受ける側）を経験する。被監査者には自部署内で行われている労働安全衛生活動や社内の運用ルールについて一定の理解と把握が求められる。被監査者は内部監査員からのさまざまなインタビュー（質問）に答えることで、自身が普段関わっている活動を再認識することができる。その後内部監査チームの一員として監査に加わる。内部監査員になると、被監査者よりもさらに幅広い知識や経験が求められるため、日ごろから組織内の労働安全衛生情報に関心を持ち、必要に応じて詳細を収集しておくようになる。また、事前に組織全体のOHSMS文書や年間目標、年間活動計画、昨年度の活動実績（結果）などを把握する必要があり、それらのプロセスを経ることで、OHSMSの全体像をより深く理解できるようになる。観察から始め、内部監査員になるまでは通常１～３年ほどで到達する。最初から内部監査員として関与しないのであれば、こういった内部監査員育成のための手順を検討してもよいかもしれない（図８−３）。

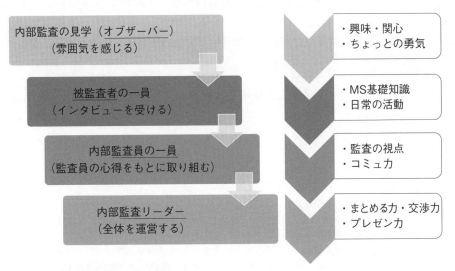

図８−３　内部監査に関わる順番

12 産業保健スタッフに期待される役割

　事業場の労働安全衛生活動を推進するツールであるOHSMSは、トップマネジメントのリーダーシップのもと、組織的・包括的に活動を進める基盤となる。ISO（JIS Q）45001及びJIS Q 45100の発行に伴い、労働衛生の視点が強化され、その中には近年国が新たに取り組み始めた「化学物質のリスクアセスメント」や「ストレスチェック」、「仕事と治療の両立支援」なども含まれる。OHSMSに労働衛生や健康管理の要素を追加できる土壌が整ってきたと言える。このことは、産業保健スタッフ（産業保健専門職）の関与が、ISO（JIS Q）45001及びJIS Q 45100の運営に不可欠となりつつあることを示している。産業保健スタッフにはISO（JIS Q）45001及びJIS Q 45100の構築と運用に関する一定の知識が求められるため、積極的に教育・研修に参加してほしい。国内においては、産業医科大学や労働安全衛生コンサルタント会、民間のISO（JIS Q）45001認証機関などが主催するOHSMSに関する研修会が開催されている。それらの機会を積極的に活用することが望まれる。ISO（JIS Q）45001の発行を事業場の労働安全衛生活動（産業保健活動）を推進する絶好の機会と捉え、内部監査の役割と機能を積極的に活用しOHSMSのレベル（スパイラル）アップを図ってほしい。

コラム　「本社の安全衛生監査は内部監査になり得るか？」

　大規模な企業では、本社に安全衛生を統括する部署を設置している場合がある。その部署が主体となって「安全衛生監査」なるものを定期的（1年～3年に1回程度）に実施している企業が散見される。ISO45001を導入した工場においては、本社部門による「安全衛生監査」をマネジメントシステム内の「内部監査」の1つとすることも可能である。

　この場合、本社の「安全衛生監査」の位置付けは、工場マネジメントシステムの「9.2.2　内部監査プログラム」の箇所に追記するとよい。これにより、工場内で行う内部監査の代用とすることもできるし、工場独自で行う内部監査と並列で実施することも可能となる。

（株式会社産業保健コンサルティング　アルク（AORC）
代表取締役　梶木繁之）

参考文献、参考情報
・『産業医学ジャーナル』Vol.41No.6:23-27、「③監査の視点から見るマネジメントシステム（OHSMS）導入と運用時のポイント≪特集≫労働安全衛生マネジメントシステムと産業保健活動」梶木繁之、2018年11月、公益社団法人産業医学振興財団
・『産業保健と看護』10(6)：488-493、「"C"でもっと良くなる！　産業保健活動におけるPDCAサイクルの回し方：FEATURE　特集1　実は"評価"がカギだった！　産業保健活動　最強PDCAサイクルの回し方」梶木繁之、2018年10月、株式会社メディカ出版

第9章
健康経営とマネジメントシステム

　OHSMSを用いて健康経営に取り組むためには、伝統的な労働安全衛生と近代的な健康保持増進（Health Promotion）、さらには近年注目される健康経営についてそれぞれの関連と相違を明確にした上で、OSHMSの背骨である基本方針・目標・パフォーマンス評価・内部監査・マネジメントレビュー・継続的改善の中に、HealthとSafetyはもちろん、生産性（Productivity）や企業価値などの要素を入れて統合的に運用する必要がある。これを実現し、成果を達成するためには、産業保健スタッフはOccupational Healthにおける専門家としての役割を果たしつつ、社内外の労働安全や健康増進の担当者及び経営層、労働者全体とマネジメントシステムを通じた共通言語によって連携・協働することが重要である。

1 はじめに

　本書ではマネジメントシステムを用いて産業保健活動の継続的な発展を図ることを目指している。そして「第4章　労働安全衛生マネジメントシステムの各要素と産業保健プログラム」では、従来的なOHSMSにおいて労働安全のほうが労働衛生・産業保健より重視されていた状況を、ISO45001の発行を機に両者のバランスを取り戻すことを解説している。この章ではOHSMSを活用して、従来的な労働安全衛生のさらなる発展的、統合的な概念である「健康経営」に取り組むことによって、働く人と企業や社会が持続的に共生、発展していく必要性や可能性について解説する。

　そのためにはまず「伝統的な労働安全衛生」と「近代的な健康保持増進」と「健康経営」の違いと関連性を理解する必要がある。

2 伝統的な労働安全衛生と近代的な健康保持増進、そして健康経営の違いと関係性

1）伝統的な労働安全衛生とは

　「労働安全衛生」の概念や取組みが急速に発展したのは産業革命以降である。一次と二次の産業革命によって急速かつ世界的に広まった近代的な労使という立場関係や機械・化学物質などの科学技術を用いた工場制機械工業、そして生産プロセスの科学的管理の導入は人類に生産性の飛躍的な向上をもたらしたが、一方で労働者がさらされる労働安全衛生のハザードとリスクは増大・多様化し、労働災害や職業病も増加していった。そこで19世紀に入り法令に基づく労働安全衛生対策が進められた（法令順守型）。しかし、産業・経済が加速度的に発展していく中で、20世紀後半になると労働安全衛生リスクの増大や複雑化の速度に法令による労働者保護が追い付かなくなった。そこで必要となったのが労使による自主的で自律的な、そして体系的、継続的、予防的な労働安全衛生対策であり、それを可能とする管理フレームワークとして労働安全衛生マネジメントシステム（OHSMS）が開発され、推進された（リスクマネジメント型）。

2）近代的な健康保持増進とは

　次に「近代的な健康保持増進」は前段の伝統的な労働安全衛生が国家、あるいは国際社会全体で広まり、成熟していく過程で誕生した。その背景には「伝統的な労働安全衛生」によって労働災害や職業病から労働者を保護することが一定程度達成されてきたこと、そして産業・職業構造や生活様式が変化したことで労働者の生活習慣病など「作業関連疾患」の課題が相対的に大きくなってきたことが考えられる。この段階になると職業性のハザード・リスクの管理だけではなく、非職業性の健康リスク（不

健康な食生活、運動不足など）にも対応する必要性が生じる。また別の背景として経済や医療が先進的に発展した国家の多くで医療費増大が国家や企業を悩ます大きな課題になってきたことが考えられる。こうした中で「近代的な健康保持増進」はけがや疾病の発見と治療よりも予防に重きを置き、さらには健康度や幸福度の増進に力を入れた取組みとして広がった。

3）健康経営とは

一方、近年わが国で注目される「健康経営」とは、経済産業省のホームページでは"健康経営とは従業員等の健康管理を経営的な視点で考え、戦略的に実践することです。企業理念に基づき、従業員等への健康投資を行うことは、従業員の活力向上や生産性の向上等の組織の活性化をもたらし、結果的に業績向上や株価向上につながると期待されます"と説明されている。この「健康経営」の基になっているのは1980年代に米国の経営心理学者であるロバート・ローゼン氏が提唱した"従業員の健康こそ企業及び社会に不可欠な資本であることを経営視点でとらえ、技術的な支援や健康投資を促す仕組みを構築することで、企業の収益性を高める経営スタイル"というHealthy Companyの概念と言われている。

米国においても前段で説明したように①「伝統的な労働安全衛生」の成熟と成果、②産業・職業構造の変化、③医療費の増大が生じ、「近代的な健康保持増進」が発展していった。この中で従業員のDisease ManagementやHealth & Well-beingの増進に取り組むことで、単にⒶ従業員の疾病の減少と医療費の削減だけでなく、従業員の健康を土台にした、Ⓑ労働災害の減少、Ⓒ従業員のパフォーマンス・ワークエンゲージメントの向上、Ⓓ忠誠心、士気の向上と離職率の低下、Ⓔ企業の評判や信頼性・持続可能性の向上につながることが経験されるようになり、近年ではそうした効果の科学的な実証が進められている（図9-1）。特に意外かもしれないが、労働者の健康の維持向上に取り組むことで、「Ⓑ労働災害の減少」にも効果が得られる。これは労働災害におけるHuman Factorとして健康状態が大きく影響を与えるからであり、特に高齢労働者の労働災害の防止には重要な要素である。こうした歴史的流れの中で、米国では「Healthy Company」や「Health and Productivity Management*」という言葉で表現される前述のような"経営スタイル"、及び「Total Worker Health*」や「Corporate Health（図9-2）」といった伝統的な労働安全衛生（特にOHSMSに代表されるリスクマネジメント型）から従業員の健康と幸福の増進及び生産性志向型までを統合した"労働安全衛生管理モデル"が誕生し広がりを見せている。ただし、こ

＊American College of Occupational and Environmental Medicine（ACOEM）のHealth and Productivity Centerに関するウェブサイトにおけるTotal Worker Health及びHealth and Productivity Managementに関する記載より。

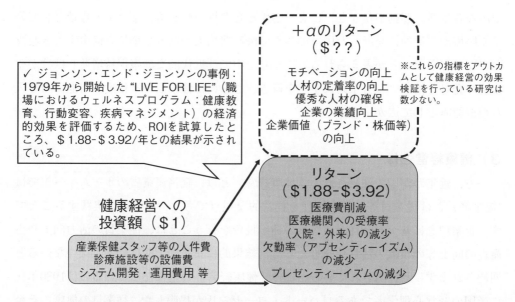

（出典）Astrella JA.（2017）及び経済産業省「「健康経営銘柄2018」及び「健康経営優良法人（大規模法人）2018」に向けて」等に基づき東京大学政策ビジョン研究センター作成

内閣府　経済・財政一体改革推進委員会　第5回評価・分析ワーキンググループ「健康経営による健康増進・疾病予防・重症化予防」資料2より抜粋

図9-1　健康経営の効果の検証

> **「Total Worker HealthおよびHealth and Productivity Management」**
>
> 「賢明なビジネスリーダーは、うなぎ登りに増大する健康コストに対して、より健康的な労働力を増進するという新たな方法で立ち向かっている。彼らは健康・幸福プログラムが実際に生産性や労働力のパフォーマンスを改善し、単なる健康コストの抑制よりも収益に良いリターンをもたらすと認識している。ACOEM（American College of Occupational and Environmental Medicine：米国産業環境医学大学）はNIOSH（National Institute of Occupational Safety and Health：米国国立労働安全衛生研究所）のTotal Worker Health®を支援している。このTotal Worker Health®の方針やプログラム、実践は、労働者の幸福を増大するために労働災害や職業病からの保護と予防を統合している。Total Worker Health®アプローチは、安全性を保護し、健康と生産性を向上させることにより、労働者、雇用主、国民の利益のためにアメリカの労働者の幸福を改善することを目指している。」
>
> （出典）American College of Occupational and Environmental Medicine（ACOEM）のHealth and Productivity Centerに関するウェブサイトより著者日本語訳。

Industrial Medicine	Occupational Medicine	Occupational Health	Corporate Health
・応急処置対応 ・健康診断 ・労災被災者の補償 ・企業内診療所 ・プライマリーケア	・特殊健康診断 ・危険有害性評価 ・騒音性難聴対策 ・法令遵守 ・障碍者支援 ・効率的なStay at Work／Return to Work	・職場のWellness ・傷病の予防及び健康増進 ・障碍防止 ・個人別の健康リスク評価 ・組織の健康度評価 ・職場の健康文化	・以下の統合 ・安全／衛生管理 ・健康／生産性管理 ・疾病管理 ・欠勤管理 ・障碍管理 ・価値の管理 ・労働者／住民の健康資産と人的資本の管理

（出典）健康経営カンファレンス2018におけるRonald Loeppke氏の基調講演より

図9-2　Industrial Medicine から Corporate Health への移行

れらの経営スタイルや労働安全衛生管理モデルは医療費削減や労働生産性向上など企業の得る投資効果に偏重して追及するものではなく、労働者や地域社会、国家が得る安全や健康、そして幸福も達成するものであり、また単に従業員に対する健康増進プログラムを数多く行うことではなく、仕事や企業組織が労働者の安全や健康に与える全体的な影響を最適化することも含んだものであることを理解しなければならない。

　一方、日本では明治時代以降に急速な産業の近代化に伴う労働災害や職業病の増加を経験し、それに対して法令に基づく労働者保護に取り組まれてきた。日本における法令順守型の労働安全衛生の特徴として労働者保護に留まらず、快適職場づくりや労働者の健康増進なども推進してきたことで職域における一般健康診断やストレスチェック（事業者責任）や特定健康診査・保健指導（保険者責任）などの従業員・被保険者の健康に資するプログラムが広く普及しており、かつ戦後の高度経済成長を支えた日本的経営の特徴の一つである終身雇用の前提の下で従業員の健康は当然のこととして暗黙的に大切にされてきた。しかし、バブル経済の崩壊後に経済活動の停滞が長く続いたことで、多くの企業ではコストカットが進められ、過労死やブラック企業という日本語に代表される労働環境や労働条件の悪化が生じ社会問題となった。さらに近年では少子高齢社会への移行に伴う生産年齢人口の減少と労働者の高齢化という国家的課題にも直面しており、国も企業も長期的な存続をかけて、限られた人的資源を改めて大切に活かすことが必要になった。そこで注目されたのが、従業員という人的資源、特にその根幹資源である健康に明示的、戦略的に投資することで生産性や企業価値の向上を推進する健康経営である。健康経営が日本で広く知られるようになってきたのは国の主導、及び官民の協力による推進活動の影響が大きいだろう（例：日本再興戦略、健康経営銘柄選定、健康経営優良法人認定制度）。

3 健康経営の具体的な在り方

　健康経営とは前述のような経営スタイルや統合的な労働安全衛生管理モデルのことを指すので、その方法論について特定の仕組みや必須の活動内容があるわけではない。しかし、それでは国や社会が健康経営を普及することや企業が社会的要請に対する説明責任を果たすことが困難となってしまう。そこで前述の「健康経営銘柄」の選定基準や「健康経営優良法人認定制度」の認定基準は、健康経営の標準的な在り方、あるいは推奨される在り方を示しており、各種マネジメントシステムにおける国際規格と同様の役割を果たしている。そこで、ここでは健康経営の具体的な方法について「健康経営優良法人認定制度」の認定基準を例として見ていきたい。

　健康経営優良法人2019の認定基準は1. 経営理念、2. 組織体制、3. 制度・施策実行、4. 評価・改善、5. 法令順守・リスクマネジメントから構成されている（図9-3）。これをつなげると経営理念に基づく目的・目標の達成に必要な組織体制を構築し、従業員の健康増進に資する制度や施策を実行し、その効果検証を行い、取組みを改善するというPDCAサイクルになり、各種マネジメントシステムとも類似したフレームワークになっていることが分かる。「健康経営」を経営全体及び他の管理要素と同じように効果的に、継続的に改善し発展させるためには、その手法が「マネジメントシステム」と一致することは必然と考えられる。一方でこの認定基準と「マネジメントシステム」の違いとしては文書と記録の作成や内部監査が要求されていない点や、保険者による対策や保険者との連携協力が要求されている点がある。次に認定基準の中では従業員の健康に投資する具体的プログラムとして受動喫煙対策や過重労働対策、メンタルヘルス対策といった作業に関連した対策だけでなく、食事や運動など個人のライフスタイルに関連した対策が選択肢として挙げられている。

　ここまでを振り返り「OHSMS」と「健康経営」の共通点や違いを整理する。「OHSMS」は労働者の安全衛生を保護するための経営と一体となった管理フレームワークであり、「守りの安全衛生・健康の管理」と言える。一方で「健康経営」は人的資源としての労働者の安全衛生・健康に投資することで生産性などを向上させることまでも志向した経営手法であり、「攻め（活かし）の安全衛生・健康の管理（投資）」と言える。両方ともに経営と一体となって自主的、自律的に、そして継続的、効果的に労働者の健康を取り扱うという面では共通である。そして、「健康経営」を対比的に「攻めの健康管理」と表現したとしても、労働者の安全衛生・健康が守られていない状況での健康増進や幸福追求は成立しない概念であるため、「健康経営」には「守りの健康管理」が当然含まれているべきである（図9-4）。

　この概念関係を理解すれば、企業の責任として「守りの安全衛生・健康管理」を適切に行うことと、企業の目的・目標を達成するために「攻め（活かし）の安全衛生・

大項目	中項目	小項目	評価項目	認定要件
1. 経営理念（経営者の自覚）			健康宣言の社内外への発信（アニュアルレポートや統合報告書等での発信）	必須
2. 組織体制		経営層の体制	健康づくり責任者が役員以上	必須
		保険者との連携	健保等保険者と連携	
3. 制度・施策実行	従業員の健康課題の把握と必要な対策の検討	健康課題の把握	①定期健診受診率（実質100%）	左記①〜⑮のうち12項目以上
			②受診勧奨の取組み	
			③50人未満の事業場におけるストレスチェックの実施	
		対策の検討	④健康増進・過重労働防止に向けた具体的目標（計画）の設定	
	健康経営の実践に向けた基礎的な土台づくりとワークエンゲージメント	ヘルスリテラシーの向上	⑤管理職又は従業員に対する教育機会の設定 ※「従業員の健康保持・増進やメンタルヘルスに関する教育」については参加率（実施率）を測っていること	
		ワークライフバランスの推進	⑥適切な働き方実現に向けた取組み	
		職場の活性化	⑦コミュニケーションの促進に向けた取組み	
		病気の治療と仕事の両立支援	⑧病気の治療と仕事の両立の促進に向けた取組み	
	従業員の心と身体の健康づくりに向けた具体的対策	保健指導	⑨保健指導の実施及び特定保健指導実施機会の提供に関する取組み ※「健康保険者への特定保健指導以外の保健指導」については参加率（実施率）を測っていること	
		健康増進・生活習慣病予防対策	⑩食生活の改善に向けた取組み	
			⑪運動機会の増進に向けた取組み	
			⑫女性の健康保持・増進に向けた取組み	
		感染症予防対策	⑬従業員の感染症予防に向けた取組み	
		過重労働対策	⑭長時間労働者への対応に関する取組み	
		メンタルヘルス対策	⑮メンタルヘルス不調者への対応に関する取組み	
		受動喫煙対策	受動喫煙対策に関する取組み	必須
	取組の質の確保	専門資格者の関与	産業医又は保健師が健康保持・増進の立案・検討に関与	必須
4. 評価・改善		取組の効果検証	健康保持・増進を目的とした導入施策への効果検証を実施	必須
5. 法令順守・リスクマネジメント			定期健診を実施していること（自主申告）	必須
			健保等保険者による特定健康診査・特定保健指導の実施（自主申告）	
			50人以上の事業場におけるストレスチェックを実施していること（自主申告）	
			従業員の健康管理に関連する法令について重大な違反をしていないこと（自主申告）	

認定要件①：健康経営度調査の結果が、回答法人全体の上位50%以内であること

図9-3 健康経営優良法人2019の認定基準

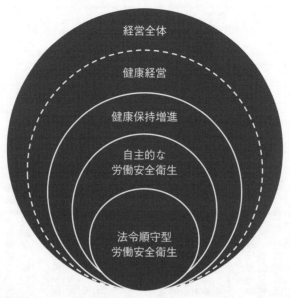

図9-4　概念関係図

健康管理(投資)」を行うことは、企業経営における基本的かつ重要な要素であり、両者に明確な境界はなく内包的・一体的であることが分かる。それらに統合的に取り組むことは、顧客、従業員とその家族、地域や社会、株主などのステークホルダー全体に対する責任を果たすことを意味し、企業活動がそれらに受け入れられて永く共生することを可能とする。そのため企業が健康経営に取り組むことは必然であり、今日的にはそれをより的確かつ継続的に行い、それを社内外に発信することが求められている。それにはマネジメントシステムを用いて健康経営に取り組むことが有効であり、強く推奨されるものである。

4 OHSMSの応用による健康経営の可能性

では次に、「健康経営」に対してマネジメントシステムをどのように応用できるかについて考えたい。前述のとおり「健康経営」は「守りの安全衛生・健康管理(法令順守や自主的な労働安全衛生管理)」を内包しているので、既存の「OHSMS」を応用することが1つの合理的な方法である。ただし、どのOHSMS規格を用いるかといった議論は重要なことではない。また、同様に規格を用いることや外部認証を取得することは良い手段ではあっても目的ではない。今回は具体的な応用を検討するためにISO45001の規格を用いて解説する（図9-5）。

「OHSMS」は「守りの安全衛生・健康管理」についての管理フレームワークであるため、「攻めの安全衛生・健康管理(投資)」=「従業員の健康に投資して経営上の

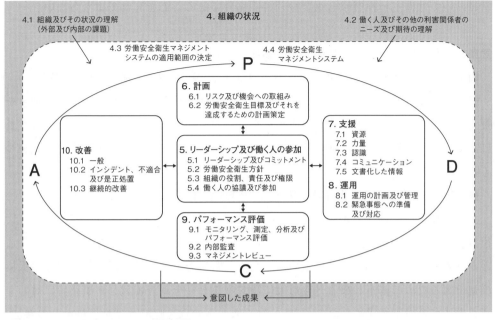

図9-5　ISO45001の概略図

ポジティブな効果効用を得ること」を各要素に加えることが必要である。それではISO45001の構成要素の中に「攻めの安全衛生・健康管理（投資）」を加えるためのポイントや注意点を整理する。

箇条4「組織の状況」

　箇条4.1「組織及びその状況の理解」

　方針や計画、目標などを策定する前にマネジメントシステムの運用に悪影響を与える外部及び内部の課題について決定する必要がある。言い換えれば、システマティックに取り組む以前の現状分析である。現状の安全衛生・健康の管理（投資）における方針や計画、目標、運用、評価、改善などは適切で有効な内容で策定され、実行されているか、健康増進プログラム提供に部署間や事業所間で格差がないか、健康の保持増進が蔑ろにされるような文化や繁忙などの状況がないかなどシステムに関連する幅広い状況を把握することが望ましい。

　箇条4.2「働く人及びその他の利害関係者のニーズ及び期待の理解」

　特に健康経営の視点で見ると、正社員と契約社員、派遣社員、業務委託先社員、さらには従業員の家族まで含んで、彼ら・彼女らの健康は相互に影響を与えるため、その状況の把握やニーズ及び期待を把握することも必要である。また、日本では、健康保険組合（保険者）が健康経営に取り組む上で密接な利害関係者であり、連携・協力を前提とした課題の把握（共有）やニーズ、期待の理解も重要である。また、健康経

営においては株主・投資家も重要な利害関係者であることを忘れてはならない。

箇条5 「リーダーシップ及び働く人の参加」
　　箇条5.1「リーダーシップ及びコミットメント」、箇条5.2「労働安全衛生方針」
　経営理念や目的の達成に必要な根幹資源として従業員とその健康を労働者の健康を捉え、それに投資し社内外に良い成果をもたらすといった考え（理念）を経営者が真に認識し、社内外に示し、強いリーダーシップを発揮して安全衛生・健康の文化をつくることが重要である。

　　箇条5.3「組織の役割、責任及び権限」、箇条5.4「働く人の協議及び参加」
　全社的な健康に関する取組みの参加率を高め、実行性のあるものとするためには、役員会議レベルで安全衛生管理や健康増進について経営課題の1つとして取り扱うことが重要である。また、法令で定められた安全衛生委員会には「従業員の健康の保持増進を図るために基本となるべき対策に関すること」を調査審議し、事業者に対して意見を述べる役割が求められており、「働く人からの意見聴取及び意思決定への参加」の場として役割、責任及び権限を与えられる必要がある。そして、経営層と安全衛生委員会などの働く人の協議や参加の場をつなぐ方法も組織づくりの中に明確化しておくことが望ましい。その他、取組みの質を担保するために健康管理や健康増進に関する専門資格を有する従業員を配置する、あるいは担当従業員に研修を実施することも重要である。さらには健康保険組合との連携・協力の窓口担当とその役割などを明確化することが望ましい。

箇条6 「計画」
　　箇条6.1「リスク及び機会への取組み」、箇条6.2「労働安全衛生目標及びそれを達成するための計画策定」
　箇条4.1「組織及びその状況の理解」と箇条4.2「働く人及びその他の利害関係者のニーズ及び期待の理解」で得られたアウトプット、及び定期健康診断やストレスチェック、傷病休業、労働時間、特定健康診査、医療レセプトなどの情報ソースから課題分析が可能である。また、想定される取組みに関する学術的評価（介入研究によるROI（投資利益率）検証など）や健康保険組合（保険者）の取組みとの重複がないかなどを考慮して計画を策定することができる。ただし、伝統的な労働安全衛生の観点では、対策の対象となる機会や従業員を特定して限定的に対応する場合が多いが（リスクマネジメントアプローチ、ハイリスクアプローチ）、健康増進の観点では公平・公正に従業員全体へ対応するべき場合もある（ポピュレーションアプローチ）。また、本社など大きな拠点と遠方の小さな拠点などでは施策の提供のしやすさに差があり、結果として格差が生じやすいことにも注意が必要である。その他、日本では健

康診断などの法的要求の対策が多いため、法令順守の範囲での守りの健康管理に偏ってしまいやすいことも注意しておくべきである。目標設定においては、ストラクチャー指標（経営理念、方針に関する評価、組織体制の評価）、プロセス指標（制度・施策に関する評価、システムの評価・改善に関する評価）、アウトカム指標（プレゼンティズム・アブセンティズム）をバランスよく設定することが望ましい。

箇条7「支援」
箇条7.1「資源」、箇条7.2「力量」
　安全衛生管理においても、健康増進においても取組みに専門的な資源が必要な場合が多い。例えば、産業医や保健師、心理士、栄養士、健康運動指導士など専門家人材や、健康的な食事が提供される食堂や運動ができる場所といった環境、運動や食事・睡眠などをトラッキングするデバイス、自身の健康状態を把握する、あるいは健康情報を提供してくれるITツールなどが挙げられる。そうした資源が働く人の身近に配置されるといったアクセスの容易さは健康増進の効果を引き出す上で重要な要因である。そして、専門家人材の質（力量）を維持向上するために専門的な教育・訓練を受けさせることが必要である。また、専門家以外の働く人の健康を扱う力量、つまりヘルスリテラシーの向上は健康経営において特に重要な要素であり、さまざまな機会を活用して計画的に教育・訓練を行うことが望まれる。そして健康投資に必要な資金（予算）を確保することも重要であることは言うまでもない。

箇条7.3「認識」
　健康経営方針や目標、その重要性、組織や個人の健康の状況などを全ての働く人が認識することが大切であり、それには経営者のリーダーシップが欠かせない。

箇条7.4「コミュニケーション」
　健康経営を実行性や効果を高めるためには働く人の認識や力量の向上が重要であり、その実現にはコミュニケーションを戦略的に行うことが重要である。特に健康増進として従業員のライフスタイルに介入する取組みを実施する場合は、ICTやAIといった技術（High-Tech）を活用して身近でタイムリーなコミュニケーション（High-Touch）が必要になる。こうした新たなコミュニケーションの機会についても活用できるとよい。

箇条7.5「文書化した情報」
　マネジメントシステムにおいてはさまざまな文書・記録が作成されるが、特に健康に関する個人情報に該当するものは、法令に基づいた適切な取扱いが必要である。ただ、一方で情報は利用できることが必要かつ重要であることも忘れてはならない。マネジメントシステムのPDCAを回すためにも文書や記録といった情報をデータベースのように集約して保管し、評価・分析などに活用できるインフラを構築できると素晴

らしい。

箇条8「運用」

箇条8.1「運用の計画及び管理」、箇条8.2「緊急事態への準備及び対応」

健康増進の取組みの全てを社内資源だけで行うことは難しく、外部委託が必要となる場合も多い。その場合でもマネジメントシステムが機能し目標が達成されるように外部委託先の選定や契約することが必要である。

箇条9「パフォーマンス評価」

箇条9.1「モニタリング、測定、分析及びパフォーマンス評価」、箇条9.2「内部監査」、箇条9.3「マネジメントレビュー」

目標設定の段階でも触れたが、健康経営の評価としてストラクチャー指標、プロセス指標、アウトカム指標を評価することが望ましい（図9-6）。特に健康経営では従業員の健康に投資して生産性の向上など従業員個人への効果だけでなく、モチベーション向上や離職率低下など組織への効果、企業価値の向上なども目指すものであるため、それらの具体的な評価指標を定めてモニタリングする。評価指標の中には学術的に妥当性や信頼性が検証された質問紙票によってモニタリングするものもあり、その導入には専門家の助けが必要な場合もある。また、従業員の満足度や帰属意識、業

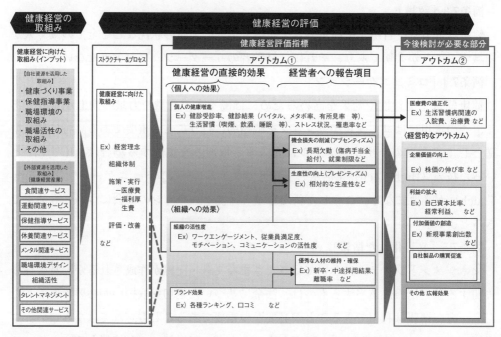

（出典：「企業の「健康経営」ガイドブック」経済産業省、改訂第1版、2016年、一部改変）

図9-6 健康経営評価フレーム概念図

務パフォーマンスなどの評価には人事部門が所有する情報が必要になる場合があることに留意すると良い。そして、内部監査やマネジメントレビューにおいても評価や判断の妥当性、適切性、有効性を補助するために必要に応じて健康の専門家を参加させることは良いことである。しかし、そのためには健康の専門家にマネジメントシステムについての理解が必要である。

箇条10「改善」

　箇条10.1「一般」、箇条10.2「インシデント」、箇条10.3「継続的改善」

　健康経営においてもPDCAを回して継続的な改善を図ることが非常に重要である。ただし、健康経営で目指すアウトカムの中には短期間で得られるものと長期間で得られるものがあることや、定量評価が難しい効果＝価値Valueもあることを理解しておくとよい。目先のアウトカムばかりを追求してしまうと健康経営という考え方自体が崩壊してしまい、単に効果がありそうな健康増進プログラムをたくさん実施している企業に陥ってしまう。マネジメントシステムの大きなPDCAを回すことによって健康経営としてのストラクチャーやプロセスも継続的に改善することを忘れないでほしい。

　厚労省OHSMS指針にあってISO45001にはない要求事項を追加した規格としてJIS Q 45100があり、その中には健康確保活動が要求事項になっている。健康に対する取組み事項の参考例として一般健康診断やストレスチェック、過重労働対策、メンタルヘルス対策、睡眠衛生教育、感染症対策、健康教育、治療と仕事の両立支援、ハラスメント対策、健康増進の取組み（THP活動、職場体操、ストレッチ、腰痛体操、ウォーキングなど）などが示されている（40ページ参照）。それではJIS Q 45100の認証を取得できれば、それはすなわち健康経営を行っていると言えるだろうか？　残念ながら、それだけでは必ずしも健康経営と呼ぶことはできない。繰り返しになるが、健康経営とは単に健康増進の取組みを数多く行っているということではなく、それを従業員の健康への投資として捉えて、労働者の安全・健康・幸福の達成に基づく生産性の向上や企業価値の向上などを導く経営スタイルであるため、そうした経営理念に基づく目標設定や評価などが体系的組み込まれていないと健康経営とは呼べない。

5 おわりに

　OHSMSと健康経営には共通点が多く、概念としても一体的で内包的な関係であることからOHSMSを応用して健康経営を継続的に発展させることが十分に可能で望ましいものであることがわかる。そして、健康経営はどんな企業においても必要かつ有

効な経営スタイルであり、社会からも求められている。OHSMSを導入する、あるいは導入している企業においてはぜひともそれを応用して健康経営に取り組んでほしい。その逆にこれから健康経営に取り組もうという企業、あるいはすでに健康経営に取り組んでいる企業においてはぜひマネジメントシステムを導入して取り組んでほしい。

(ジョンソン・エンド・ジョンソン日本法人グループ)
統括産業医　岡原伸太郎

第10章
中小企業における
マネジメントシステムの普及

　ISOのマネジメントシステムは、とかく「複雑で難解」「文書・記録が多い」等と思われて敬遠されがちであり、さらに中小企業では人材面、経営面からOHSMSの取組みが後回しになる可能性が高い。規格は、「なぜ、これをやる必要があるのか」の意図が示されたものであるので、自らの労働安全衛生への取組みを考える上での指針として役に立つものである。ISO45001は第三者の認証にも使用できるものであるが、組織の活動で抜けがちな点を見直す技術書として利用することから始めて、最終的には第三者の目を利用する認証等につなげて自らの活動をより高め、顧客の信頼も得て経営に役立てるとよい。

1 中小企業がマネジメントシステムに取り組むときの問題点

1）中小企業にとってISOのマネジメントシステム規格に取り組むことの困難さ

「ISOのマネジメントシステム」と聞くと、一般に内容が分かりにくいことや文書・記録をたくさん作成しないといけないという印象が強く、敬遠されがちである。特に中小企業においては、人材面から規格や認証制度についての基本的知識が少なく、文書・記録の作成も慣れていないことに加えて費用等の問題もあり、調達条件、受注条件で求められない限り経営の優先事項にはならない。この傾向は日本特有のものではなく、国際会議の席でも問題となり、ISO45001規格策定時には中小企業が取り組みやすいものとすることへの配慮が求められ、さらに規格発行後には「小規模向けの実践指針」などが作成されている。

2）ISO45001：2018は取り組みやすい規格か

2018年に発行されたISO45001は、従来からある厚労省OHSMS指針やOHSAS18001と比較すると、次のような理由から取り組むのは容易でないと考えられる。

① 日本語に翻訳されたJIS Q 45001は、ISOのルールに基づいて原文の意味を変えないように作成されていることや規格特有の表現があるために理解が難しい。

② 同時に複数の規格を使用する利用者の便宜のために作成されたISOのルールが適用されるため、労働安全衛生のリスクに加えて経営上（システム上）のリスクという2種類のリスクと機会を考慮する必要があり、複雑である。

③ 厚労省OHSMS指針などにはなかった調達（請負者、外部委託）に関する要求事項等も加わり、品質、環境等の他の規格と比較しても要求事項が多い。

④ 産業保健の観点から規格を見た場合、働く人の健康状態又は福利といった安全衛生の他の側面を統合することを可能にすることは規格の適用範囲に述べられているものの、実施すべきことが明確に示されているわけではない。

中小企業に限らず、厚労省OHSMS指針でも構築・運用していく適切な人材が不足すること等から取組みが困難な組織も多かったことを考えると、ISO45001は取り組みやすい規格とは言い難いものである。

2 中小企業はISO45001にどのように取り組むとよいか

ISO45001は、組織が第三者認証を取得して外部の利害関係者に示すことができる規格として作られているが、規格作成の目的は「認証」を意図したものではない。箇条1「適用範囲」で「この規格は、労働安全衛生マネジメントを体系的に改善するために、全体を又は部分的に用いることができる」とされており、次のような取組み

考えられる。

1）規格を技術書と考え、ステップを踏んで取り組む

マネジメントシステムとして意識しているか否かに関わらず安全衛生を考えない事業活動はあり得ない。規格に取り組むにあたり、十分な資源が確保できない場合には全てを一度に対象とするのではなく、段階的に実施することも可能である。

まず、日常の現場の安全衛生管理の仕組みを「見える化」し、より効果的な取組みのために必要な管理部分の詳細についての対応を取り、期待する効果が出ていることを検証することができるようにする。この考えの多くの部分は、厚生労働省委託事業の成果＊として3ステップでの取組みが提案されている。ISO 45001ではこれに第4のステップとして経営的な課題への取組みについて追加することになる。

以下に順を追って説明する。

1）ステップ1：現在の活動を整理し、基本の取組みを理解する

現場の安全衛生確保のために、たとえ、それが文書化されていないとしても、組織は規模に関わらず何らかの管理活動が行われており、ISO45001はそれを体系化したものとも言える。特にマネジメントシステムの基本は経営層が示した方針を達成するために掲げた目標等を、PDCAを回して確実に実施することにある。

そして働く人の参加の下にリスクアセスメントを実施し、リスクを低減するために必要な目標を立てて取り組み、日常管理で確実なものにすることである。PDCAという意識は特にないかもしれないがすでに多くの企業では当然の活動となっており、それを整理してまとめるとともに、基本の取組みを理解して不足がないかを確認する。

＊ 『3ステップでやさしく導入 労働安全衛生マネジメントシステム』厚生労働省、インターリスク総研：平成25年度厚生労働省委託事業

2）ステップ2：基本の取組みを効果的に行う

　次に、全員参加のための体制の整備や労働者の参加と協議を規格に沿って確実なものにする。全員が当事者意識を持ち取り組んでいくことは、結果として職場の団結力も高まり、安全衛生活動への好影響も期待できる。

　また、毎日の活動に必要なプロセス（手順）や、実施したことを示す記録を整備することで、働く人が内容を理解し、ウッカリ漏れの防止などに効果が期待できる。記録は、活動を実証するだけでなく、形骸化・後戻りすることを防止する重要なツールになる。さらに、想定される緊急事態への対応や労働災害発生原因への究明、再発防止の取組みを実施することにより管理が一層確実なものになる。

3）ステップ3：仕組みの見直しをする

　ステップ2までの「労働安全衛生管理活動」を「OHSMS」としてまとめていく上で、自らの取組みを内部監査で見直し、トップマネジメントによるマネジメントレビューで更なる改善に取り組んでいく。内部監査はシステムの改善のための問題点を検出し、あるべき状態に修正し、再発防止を図るとともに、同様な問題が他部署や他工程にあれば対策を講じることで職場全体の改善につなげる。

4）ステップ4：経営的な課題にも取り組む

　ISO45001は、従来のOHSMSの活動に加えて、組織を取り巻く経営上の問題点や、意図した成果を達成する上でシステムを運用していく際に支障となる問題点を明確にして「システム上のリスク及び機会」として対応していくことを求めている。中小企業にとっては経営者が一人で取り組むことの多い経営的な課題も組織全体で明らかにして、働く人もその必要性を再認識して取り組んでいくことで、より存在価値の高い企業風土を築くことができることと思われる。

従来から行われている活動に対して何が技術資料として有効かは組織によって異なるが、例えば次のようなことが考慮すべき対象になると思われる。

① 安全衛生活動と事業の一体化：事業展開上、安全衛生は必須の取組み
② リーダーシップ：トップとして「安全第一」が言葉だけに終わらないように
③ 参加と協議：働く人の参加を得て、必要に応じて協議を実施する
④ 変更の管理：プロセス、手順、設備及び機器、組織等の変更が生じる場合は、重大なリスクを生じないように変更を管理する
⑤ 調達及び請負業者：材料部品の調達、請負人の活動、業務がもたらす危険についても確実に管理する

2）ISO45001全体に取り組むが認証までは考えない

マネジメントシステムの重要性や有効性を認識してシステムを構築して運用するが

認証までは考えない、例えば、従来から厚労省OHSMS指針でシステムを構築し、運用しているケースである。また、厚労省OHSMS指針を一歩進めて中災防、建災防（建設業労働災害防止協会）方式までを意識して活動している組織もある。さらに、ISO14001と同じ構造を有していることから利用しやすいOHSAS18001で運用しているが、あくまでも社内の活動と捉えて認証を受けていない企業も多数存在する。

「社内の安全衛生のレベルアップが目的で、取組みを外部まで示す必要がない」と考えれば十分に役割を発揮できる。この場合は、その組織にとってより重要性の高い項目に重点を置いて取り組むということも可能となる。

3）第三者認証も取得してさらにグレードアップを図る

新たな視点からの活動に取り組むための指針として、ISO45001規格を一つの「機会」と捉え、外部からの目もうまく取り入れて、よりレベルの高い安全衛生活動にする。そして、認証を取得して確実なレベルアップを図るとともに国際規格で取り組んでいることを利害関係者に示す。第三者の認証を受けるメリットは

① マネジメントシステムの取組みとして、ややもすると自己満足に陥って改善が進まない場合がでてくる。認証の審査では、問題点の指摘だけでなく、審査機関が他社の審査で得た優れた取組み例などを、改善の余地として参考のために示してくれることがある。第三者の目を活用して自社のレベルを知るとともに、他社のより良い事例を受けて改善につなげる。さらに、品質、環境などのシステムを展開している組織では、統合したシステムとして無駄のないマネジメントを行うようにする。

② 審査の中で、組織として適用される労働安全衛生面での法令順守に対して抜けがなく、確実な取組みを行っていることを確認することができる。

③ 信頼性向上や優れた人材の確保等において有利になる場合も生じてくる。特に海外との取引を行う際に、労働安全衛生面も含めて責任ある企業活動がなされているという顧客の評価を得ることは効果が大きい。また、人材の確保や入札等でも有利になることが考えられる。

3 マネジメントシステムを確立・維持する際の留意点

従来から厚労省OHSMS指針やOHSAS18001に基づく活動が確実に行われていれば、組織を取り巻く現状の理解、システム上のリスクや、調達等の部分を除けばほぼ規格に対応する活動がなされていると考えられる。従って、システムの構築にあたっては、まず、現在の自社の取組みを整理して規格に当てはめ、該当するものがない場合には、その企業に適した活動を加えていく。その場合もゼロから始めるのではな

く、例えば、すでに品質や環境など他のシステムでの取組みがあれば有効に利用して経営上で効率の良いシステムにしていくとよい。

具体的にはシステム構築にあたって
・自社で現在行っている安全衛生マネジメントの内容を再点検する。
・要求事項の意図を知り、自社の取組みが規格のどの条項に該当するかをみる。
・規格に対して、何が不足するか、意図と異なる取組みはないかを評価する。
・不足している要求事項等に対応するための計画を立てて取り組む。

また、取り組む際の留意事項としては
・ISO45001の各要求事項は単独でなく、全てつながり・流れがある。逐条的でなく、全体的な視点でみる。
・用いる用語は、規格の定義を無理に使用する必要はない。定義の考え方は意識して使用するが、従来から組織で使用して慣れている用語を用いるとよい。
・本業との一体化を図り、システムでの活動を組織の活動と別物にしない。安全衛生レベルの向上は、結果として経営的なメリットにつながってくる。各人がより一層、各自の業務の中で捉えて取り組むとよい。

4 おわりに

中小企業にとっては、安全管理が精一杯で健康管理まで思いが至らない組織も多い。

ISO45001の不足を補って、組織において実施することが望ましい具体的な安全衛生活動を追加した日本独自の規格である「JIS Q 45001と一体で運用するJIS Q 45100」では、法令要求事項に加えて、望ましい健康管理の活動が附属書A「取組み事項の決定及び労働安全衛生目標を達成するための計画策定などに当たって参考とできる事項」として表にまとめられている（38～40ページ）。表中には、「健康領域」における「安全衛生活動及び健康確保関連事項」、「安全衛生教育及び健康教育関連事項」も具体的に示されているので、何を実施すべきかの指針として活用するとよい。

（五十石技術士事務所　五十石清）

第11章
OHSMSにおける健康管理施策の運用事例

これまでのOHSAS18001等での産業保健の取組みとISO45001導入に向けた課題等を紹介する。

- 事例1　コマツグループ
- 事例2　HOYA株式会社
- 事例3　三井化学株式会社
- 事例4　学校法人産業医科大学

事例1

全社ISO45001導入を目指して
コマツグループ

1 企業の概要

　株式会社小松製作所は、主にブルドーザー、油圧ショベル、ダンプトラックなどの建設機械や鉱山用機械の製造・開発を行う企業で、東京に本社を置きグローバルに事業を展開している。日本に12カ所、海外に73カ所の生産拠点を持ち、従業員数は約10,000人、266社の連結子会社を含む「コマツグループ」においては、総従業員数は約60,000人である。

　本社組織には、安全部門を統括する安全・健康推進部と、健康部門を担う健康増進センタ、小松製作所健康保険組合がある（図11-1-1）。日本国内の一定の要件を満たす各事業所には、健康増進センタの下部組織である健康管理室を設置しており、産業保健スタッフ（産業医、保健師、看護師、管理スタッフ）を配置し、産業医を健康管理の実施責任者としている。産業保健スタッフの直接的な健康管理対象は、主に日本国内の従業員（＝小松製作所健康保険組合加入員）約27,000人である。

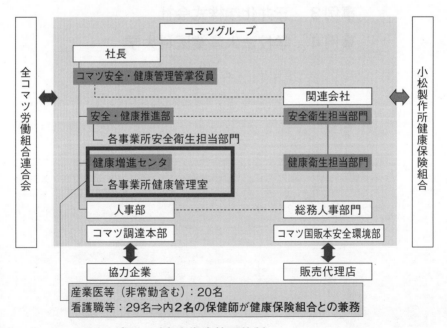

図11-1-1　コマツグループ安全衛生管理体制

2 OHSMSの概要、ISO45001導入の背景

　当社における安全衛生活動は各事業所主体で行われており、各事業所の安全事務局や健康管理室が担当し、事業所独自の取組みも多い。特に健康分野での活動は、産業医の判断の下に進められてきた歴史が長く、取組み内容や手順が健康管理室ごとに異なり、基準や判断のばらつきも大きかった。年4回開催される産業保健スタッフ全体会議では、産業保健活動における課題の検討や情報共有を図ろうとしていたが、活動の進め方や記録方法も異なるため、各事業所の課題が見えづらい状況であり事業所間の比較検討も容易ではなかった。安全に関する活動についても各事業所が主体となって行ってきたため、国内共通の安全方針や安全規程は存在しなかった。

　そのような中、2005年より「安全衛生に関する社長メッセージ」が発信されるようになり（図11－1－2）、2011年には「安全衛生方針」が定められ（図11－1－3）、コマツグループが一丸となって社員の安全と健康を考えるという方向性が示され、労働安全衛生マネジメントシステム（OHSMS）も順次各事業所で導入された。2017年

安全衛生に関する社長メッセージ

1. コマツは、まず第一に『社員が安全で安心して働くことのできる職場環境を確保する』とともに、『社員の健康の維持・増進』に努める。
2. コマツは、その実現に向けて、全員が一致協力して、『積極的な安全衛生・健康管理活動』を推進する。
3. コマツは、グループのみならず、パートナー（お客様・代理店・協力企業 等）の安全衛生の強化にも積極的に取り組む。
4. コマツの各部門責任者は、上記を最優先課題として認識し、率先垂範して活動する。

安全衛生関係者をはじめ社員の皆さんは、この「社長メッセージ」に基づき、具体的には下記行動方針で進めて下さい。

(1) 安全衛生関係法令および社内規程を理解し、順守するとともに、問題点があれば迅速に対応する。
(2) 労使が協力して取り組み、全員参加の下、ファクツファインディングで問題点を明らかにし、対策を図る。このため、各種コミュニケーションの一層の円滑化に努める。
(3) 災害、火災を絶対に起こさないよう、現場におけるリスクを排除する。自然災害についても、被害を最小限に抑えるよう、最大限の努力をしていく。
(4) 心も身体も健康で明るくいきいきと働ける職場づくりを目指す。

2019年4月1日
株式会社小松製作所
代表取締役社長(兼)CEO　小川啓之

図11－1－2　安全衛生に関する社長メッセージ（上図は2019年のもの）

安全衛生方針【2011/4月制定】

社長メッセージをもとにコマツグループ各社は以下の基本方針を定める。
コマツグループ各社は、社員が安全で、安心して働くことのできる職場環境の実現に向けて、次の方針に則り、経営責任者と社員が一致協力して、安全衛生・健康管理活動を推進する。

①労働安全衛生に関する法令や社内規定、グループ共通の安全衛生重点項目および各事業場で労使協議の上決めた事項を遵守する。　　　　　　【コンプライアンス】
②安全衛生方針に基づいた目標を定め、その達成状況の把握と見直しを行い、安全衛生活動の継続的な改善・向上に取組む。　　　　　　　　【継続的改善活動】
③労使協力して、全員参加の安全衛生活動を推進するとともに、ステークホルダーとも良好なコミュニケーションを図る。　　　【労使協力、コミュニケーション】
④安全と健康確保のため職場の労働安全衛生上のリスクを特定・評価し、その結果に基づき適切に対応する。　　　　　　　　　　　　　　　　【リスク管理】
⑤社員の健康管理を積極的に推進し、さらに社員自らが行う健康保持増進の取り組みを支援する。　　　　　　　　　　　　　　　　　　【健康保持増進】
⑥社員の安全衛生活動に必要な教育訓練および資格取得を積極的に推進し、安全に業務を遂行できる人材の育成を図る　　　　　　　　　　　【人材育成】
⑦事業活動を通じて蓄積した安全衛生活動に関する知識・情報は、個人情報に配慮し、社会全体の安全と健康確保のために提供する。　　　　【情報の発信】

図11-1-3　安全衛生方針

4月の段階で、国内では主要な生産拠点8事業所とグループ会社5社がJISHA方式OSHMSを導入、海外では8事業所がOHSAS18001を導入、その他の海外事業所においても各国において推奨又は法令で定められているOHSMSを導入している。

ただ、それらのOHSMSにおいては安全に関する活動は大半が運用されていたものの、健康分野の活動は一部分にとどまり、対照的な状況であった。

また、海外事業所における生産量の比率は約6割、海外従業員の比率も約6割であり、海外における安全衛生活動についても、適切に把握し管理していくべきではあったが、日本からのサポート方法や本社の役割については模索検討を続けている状況であった。2017年には米国の大手鉱山機械メーカーを買収したこともあり、ますます本社の中心的役割が必要とされるようになっていた。

こうした課題がある中、今般のOHSMSの国際規格発行に伴い、当社ではグループのグローバル統一基準としてISO45001を導入する機運が高まった。ISO45001導入により期待されることは以下の通りである。

・PDCAサイクルを使った安全衛生レベルの継続的な向上のための枠組み作り
・国内外の主要生産拠点での安全衛生活動の標準化
・主要拠点の活動内容や結果の見える化、それらの比較可能性の向上
・マネジメントシステムを基盤とした良好事例の収集と展開

3 全社ISO45001導入のプロセス

当社では、コマツグループ全ての事業所でISO45001導入を目指し、本社の安全・健康推進部が主導となって以下を実施しているところである（スケジュールは**表11-1-1**を参照）。

① ISO45001導入プロジェクトチームの設置と関係者に対する教育研修

　まず国内の事業所及びグループ会社での認証取得を円滑に進めるために、プロジェクトチームを設置し、関係者への教育・研修を実施した。プロジェクトチームの構成員は、安全・健康推進部員、各社・各事業所の安全担当部門長、各健康管理室の産業医、外部の労働安全衛生コンサルタントである。プロジェクトチームでは毎月、遠隔デバイスなどを用い、認証準備の進捗報告や情報共有を図っている。また、産業医と各健康管理室1名の産業看護職からなるワーキングチームも設置し、健康分野を中心に導入準備における情報共有を図っている。

② 導入計画の作成

　国内事業所への導入プランとして、初年度に国内1カ所の事業所で認証を取得し、取得までのプロセスで得られた知見や情報をもとに、次年度に国内主要拠点全てに導入する2段階方式を採用した。

　2019年4月、先行で国内1事業所においてISO45001の認証を取得した。この先行事業所における認証の際に、産業保健スタッフがどのように関わったかを後述する。

　2020年4月には本社を含むその他の国内17の事業所及びグループ会社を一括でISO45001のマルチサイト認証を取得することを目指しており、ISO45001への移行準備が進められている。

③ 社内規程の整理

　従来、安全衛生管理活動を定める規則類は、各事業所それぞれに存在していたが、ISO45001認証取得活動による業務要領・規則類の見直しに伴い、コマツグループ共通の規則「安全衛生・健康管理規則」を新規に定めた。従来からコマツグループで取り組んでいる基本的な安全衛生・健康活動を、必要最小限の要求事項として掲げ、結果的には全ての事業所の健康管理室が実施している活動、すなわち法令上実施義務や努力義務のある項目が、一つひとつの条文となり列挙されている形になった。また、「安全衛生・健康管理規則」に示されている産業保健活動について、8つの業務要領を作成した（**表11-1-2**）。

表11-1-1 ISO導入スケジュール概要

スケジュールの凡例：全社事務局 - - - ▶　　A事業所 ──▶　　その他会社・事業所 ······▶

活動項目		2017年度	2018年度	2019年度
全社事務局	1. 組織・体制の構築			
	2. 規則・手順の整備 ・OHSMS関連（担当：安全・健康推進部） ・安全関連（担当：安全・健康推進部） ・健康関連（担当：健康増進センタ、ワーキングチーム）			
	3. 教育・研修及び各サイトへの導入支援			
	4. A事業所/その他会社・事業所の事務局へのシステム監査			全事業場
	5. プロジェクトチーム活動			
A事業所／その他会社・事業所	1. 組織・体制の構築		1月 A事業所 第1段階審査 受審　3月 A事業所 第2段階審査 受審　4月 A事業所 認証取得	1月～2月 拡大審査 受審
	2. 規則・手順書類の整備			
	3. 教育・研修			
	4. システム監査（内部監査）の実施			
	5. マネジメントレビューの実施			
	6. 日常の安全衛生活動の運用			

表11-1-2 社内の安全衛生規程及び事業所健康管理室の実務実施フロー（健康関連を抜粋）

		全社		A事業所	
	規程・規則	業務要領	規則/業務要領	実務実施フロー（健康管理室）	
	安全衛生・健康管理規則		安全衛生管理規則		
	第1条　目的				
	第2条　適用範囲				
安全関連	第7条　リスクアセスメント	機械・設備、作業等リスクアセスメント業務要領　化学物質リスクアセスメント業務要領	リスクアセスメント実施要領		
	第14条　作業管理	安全衛生保護具管理業務要領	安全衛生保護具の着用・点検要領		
	第16条　担当部門	①産業保健職の職務に関する業務要領			
	第18条　一般健康診断の実施と事後措置	②一般健康診断の実施と事後措置に関する業務要領		【定期健康診断】実務実施フロー	
	第19条　特殊健康診断の実施と事後措置	③特殊健康診断の実施と事後措置に関する業務要領		【特殊健康診断】実務実施フロー	
健康関連	第26条　健康障害に対する配慮	④健康障害に対する配慮に関する業務要領			
	第27条　長時間労働に従事した社員に対する面接指導	⑤長時間労働に従事した社員に対する面接指導に関する業務要領		【長時間労働面談】実務実施フロー	
	第29条　私傷病による長期休暇・欠勤および休職からの職場復帰支援	⑥私傷病による長期休暇・欠勤および休職からの職場復帰支援に関する業務要領		【身体復職時】実務実施フロー　【メンタルヘルス復職支援プログラム】実務実施フロー	
	第30条　就業と治療の両立支援	⑦就業と治療の両立支援に関する業務要領			
	第31条　健康づくりのための中期計画	⑧健康づくりのための中期計画に関する業務要領			
その他					

4 先行事業所でのISO45001導入のプロセス

2019年4月に先行的にISO45001を導入した事業所での産業保健スタッフの対応は以下の通りである。

① 社内規則や工場内実務実施フローの整備

まずは健康管理室で実施している産業保健活動の一つひとつを洗い出し、各々の活動の安全衛生方針における位置付けを確認した。

次に各活動における基準・手順書類を整備した。本社で制定された社内規程「安全・衛生管理規則」や業務要領に規定された活動は、法令で義務や努力義務とされている活動が大半であるため、社内規程等に記載のない事業所健康管理室独自の活動を中心にリストアップし、新たに作成すべき実務実施フローを取りまとめた。既存の業務手順についての覚書などが存在したものは、統一した様式に修正し整えた（表11−1−2（135ページ））。従来より事業所内に存在した「工場安全衛生管理規則」の内容も確認したが、こちらの規則には産業保健分野の規定はほとんど存在せず、本社で制定された「安全・衛生管理規則」との整合性がとれていることを確認した。

② 産業保健活動の活動指標や目標の見直し

ISO45001の導入準備以前より、健康に関わる諸々の活動については年間活動計画表を策定しPDCAを回していた。今回の導入にあたり、各活動項目における活動指標や目標設定がシステム運用上適切であるか、実施の記録や振り返り評価の方法に不備はないかを確認した。

③ 各活動の記録類の整備

産業保健に関する諸々の活動については、健康配慮義務の範囲を超えて幅広く実施されてきたが、適切な記録がされていないものも多く、記録類の見直しを行った。年間活動計画で設定された活動指標や目標に照らし合わせて、結果の記録が分かりやすいものであるか、記録方法を検討し修正した。適切に記録を取りまとめることにより、次年度の課題や改善点がより見えやすくなった。

④ 健康管理室を一部署として捉えた取組み

産業保健スタッフは事業所全体の健康管理担当部門として活動し、ISO導入のプロジェクトにも関わっている。一方で、健康管理室も事業所内の1部署であるため、そのほかの部署と同様、健康管理室を一職場として捉え、危険源を特定しリスクアセスメントを実施する必要性があった。職場巡視時の有害業務ばく露のリスクや、健康診断結果表が多く入った箱を運搬する際の腰痛リスクなど、産業保健スタッフが被る可能性のあるリスクを特定しリスクアセスメントを実施した。

①〜④の活動は、本社の安全・健康推進部や事業所内の安全事務局とも適宜協議を持ち、連携しながら準備を進めた。2019年4月に実施された監査では大きな指摘はな

く、監査員とのディスカッションにより更なる改善の方法のヒントなどを得ることもできた。また、今回新規に作成した実務実施フローが多いため、個人情報管理や就業配慮に関する実務実施フローなど着手できなかったものもあり、今後も実務実施フローの充実を図っていく予定である。

5 産業保健プログラムとOHSMSの展開

1）健康文化づくり

コマツグループにおいては、従来の法令に規定された健康管理活動だけではなく「健康文化づくり」を目指し、2014年から5年間の「コマツ健康づくり5ヵ年計画」を策定し実施してきた。コマツグループが目指す「健康文化」とは「自分と仲間の健康状態に目を向け、より良い人生を送るために必要な事項を、社員自らが考え行動できる文化」である。健康増進センタや安全・健康推進部のみならず、小松製作所健康保険組合や労働組合と連携し、「がん・生活習慣病対策チーム」「メンタルヘルス対策チーム」「ダイバーシティタスクチーム」など、さまざまな健康に関する課題ごとにタスクチームを設置し、施策実施を進めた。2019年からは「第二次健康づくり計画」がスタートし、引き続き取組みを続けている。

具体的な「第二次健康づくり計画」のタスクチームは図11-1-4の通りである。各タスクチームから各年度に重点的に取り組むべき課題である「重点活動項目」が掲げられ、そのうちの一部を各事業所健康管理室の年間活動計画に落とし込んで実施し、継続的にPDCAを回している。

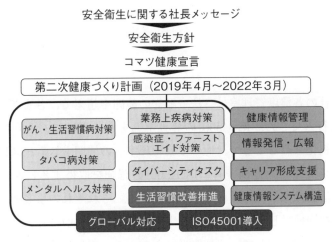

図11-1-4　第二次健康づくり計画タスクチーム

2）化学物質のリスクアセスメント

　前述の「コマツ健康づくり5ヵ年計画」において、健康障害タスクチームでは化学物質リスクアセスメントを一つの活動項目として掲げた。2014年にコマツの各事業所において使用している化学物質の洗い出しと有害性の調査が実施され、2015年には化学物質リスクアセスメントの実施対象の範囲や点数化等の手法が検討された。点数化には安全データシート（SDS）の内容や作業環境測定結果などが用いられることになった。

　2016年には"化学物質リスクアセスメントの実施"がコマツグループ「重点活動項目」として掲げられ、国内各事業所では化学物質リスクアセスメントを年間活動計画に落とし込み、対象作業について一斉にリスクアセスメントを実施した。実施にあたっては、健康障害タスクチームが国内各事業所に出向いて担当者（現場監督者、現場担当の管理職、安全部門長）を招集して研修を実施し、化学物質リスクアセスメントの目的や手法、管理法について説明がなされた。

　2017年には「化学物質リスクアセスメント業務要領」を作成し、2017年以降は"化学物質リスクアセスメントの継続実施"を「重点活動項目」として掲げ、各事業所において年間活動計画に落とし込み、継続的に実施している。具体的には、2016年に一斉に実施した化学物質リスクアセスメントから作業に変更がある際や、新規の化学物質取り扱い作業の開始前に化学物質リスクアセスメントを実施する仕組みとしている。

　上記の通り、化学物質リスクアセスメントの実施やリスク低減対策の検討までは定着しつつあるが、優先順位を付けたリスク低減対策の実行などのリスクマネジメントについては、今後目標や計画に組み込んでPDCAを回しながら着実に実施していく必要がある。

6 考察

　以前より当社の各健康管理室は、法令順守の範囲を超えて、さまざまな健康増進活動を精力的に行ってきた。ISO45001の導入準備をきっかけに、それらの活動内容や手順が更に可視化されることで、他の健康管理室への展開もスムーズに進められることが期待される。また、今回一斉にISO45001の認証を取得するにあたって、さまざまな共通した活動は標準化を進めようとしている。それぞれの事業所が主体となって自らの課題を把握検討し工夫して活動を実施する文化は大切にしつつも、共通した活動は文書類を統一することで、認証取得にあたっての工数削減にも繋がることを期待している。

　また、これまで産業保健スタッフ全体会議において議論された内容や決定事項、作成された社内文書が、なかなか各事業所に浸透・定着しないことが課題となってい

た。今回のISO45001の導入により、システム上で運用することで、担当者や状況の変化があっても継続的にそれらの活動が行われ、PDCAを回していく中で産業保健レベルが向上されていく枠組みが形成されることを期待している。

ISO45001導入にあたって、産業保健スタッフが初期に実施すべき事項としては、ISO45001に関する教育機会の確保、既存の健康管理活動に関する文書類の整備、健康管理室自体のリスクアセスメントの展開などがある。準備を進めていく上で、認証を取得することが目的となってしまいがちではあるが、長期的に安全衛生レベルを向上していくことを常に意識することで、より有意義な取組みになるのではないかと考える。

以前の当社で導入していたマネジメントシステムが、安全中心のものであったこともあり、今回のISO45001導入も安全事務局が中心となって進められている。産業保健レベルの更なる向上や、今後の産業保健活動を有効的に機能させていくためにも、今回のISO45001導入を好機ととらえ、産業保健スタッフは積極的に安全部門との連携を図り、関与していきたいところである。

(コマツ健康増進センタ産業医　深井七恵)

事例2

産業医主導でグローバルに展開
HOYA株式会社

1 事業場の概要

　HOYA株式会社は、光学ガラス専門メーカーとして創業し、光学技術を軸に多角化を進めてきた。現在では、半導体やパソコン、スマートフォンなどデジタル機器を支える最先端の部品・部材から、メガネレンズやコンタクトレンズ、医療用内視鏡など人々の健康を支える製品まで、幅広い領域でグローバルに事業を展開している。2019年3月時点で146社の連結子会社を持ち、従業員数が約37,000人の企業グループ（HOYAグループ）を形成している。その内、約9割が海外の従業員であり、特にアジア（タイ、ベトナム、フィリピンなど）の従業員が多くを占めている。

　HOYAグループは、グローバル本社に環境安全衛生部があり、総括産業医が部長を兼務している。環境安全衛生部では、専門スタッフがISO45001認証のグローバル本部機能、環境・安全衛生分野のHOYAグループ基準類の作成・改訂、パフォーマンス監査などを行っている。また、環境安全衛生部の下にOSH（Occupational Safety and Health）推進室があり、グループ全体の健康管理業務を総括している（図11-2-1）。OSH推進室には、産業保健スタッフ（産業医、保健師、管理スタッフ）が所属し、健康管理の統括業務と健診事後措置、保健指導、従業員面談などの実務を担当している。産業保健スタッフの直接的な健康管理対象は、主に日本国内の従業員（＝HOYA健康保険組合加入員）約6,000名である。HOYAグループは、分散型事業所

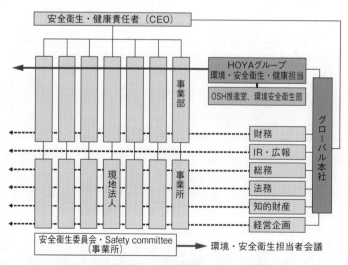

図11-2-1　HOYAグループ環境・安全衛生・健康体制

の形態をとっており、産業保健スタッフは東京の中野オフィスに拠点を置き、各地の事業所を訪問している。産業医選任義務のある事業所については、OSH推進室に所属する産業医が定期的に訪問している。

2 OHSMSの概要

　当社では、グローバルに展開する製造拠点（サイト）の労働安全衛生管理を円滑に行うために、労働安全衛生マネジメントシステム（Occupational Health and Safety Management System＝OHSMS）を基盤とした、グローバルな労働安全衛生管理体制を構築している。OHSMSの外部認証として、2019年3月末現在、日本国内では11サイト、海外では17カ国39サイトがOHSAS18001認証を取得しており、2019年度審査からISO45001認証へ移行している。OHSMSは、安全衛生管理を進める上で、PDCAを回すツールとしては優れている。しかし、実際の安全衛生パフォーマンスを向上させるためには、OHSMSをどのように活用し、どのような安全衛生活動を展開していくかが鍵となる。つまり、専門人材の育成・起用と、方針・マニュアル・基準類などの"コンテンツ"が重要となる。さらに、監査システム（第一者監査：サイトの行う内部監査、第二者監査：事業部本部及びグローバル本社の統括部門（グローバル本部）が行うパフォーマンス監査、第三者監査：外部の認証機関によるシステム監査）により、実際のPDCA及びパフォーマンスの向上が図られているかをチェックし、必要な見直しを行うことで、継続的な改善につながる。この「専門人材＋グループ基準＋監査システム」という包括的なマネジメントシステムモデル（図11-2-2）によって、当社は、グローバルにPDCAを回す仕組みを構築している。

　また、当社では、OHSMSをグローバルマルチサイト認証にすることで、サイトごとではなくグループ全体として1つの認証を取得している。これにより、対象となる全てのサイトの情報をグローバル本部で統括管理することができる。各サイトで、内部監査等の結果をもとにトップマネジメントが行ったレビューの内容は、全てグローバル本部に集められる。この情報をもとにグローバル本社のトップマネジメントであるCEOと環境・安全衛生・健康担当（総括産業医が兼務）がグループ全体のマネジメントレビューを行う。このマネジメントレビューの結果と外部認証機関によるグローバル本部の監査結果に基づいて、グローバル本社のトップマネジメントから全サイトに対し、「重点項目」と「アウトプット指示書」を配信している。「重点項目」に

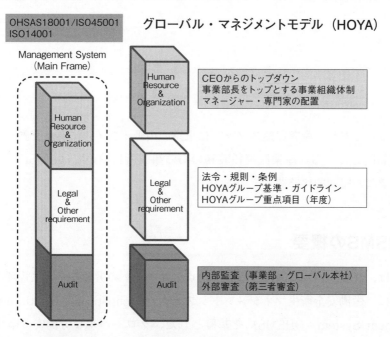

図11-2-2　グローバル・マネジメントモデル

は、年度を越えて継続的に取り組むべき課題と、その年度に新たに取り組む課題が項目として含まれており、2019年度は、就業時間内全面禁煙やハラスメント防止、食堂メニューの栄養成分表示に関する項目が、新たに追加された。「アウトプット指示書」には、外部審査の指摘事項を中心としたマネジメントシステムの改善事項が含まれている。各サイトは、これらの配信を受けて、次年度の労働安全衛生活動計画（マネジメントプログラム）を策定する。

　グループ内で運用している方針、マニュアル、基準類について、HOYAグループの安全衛生・健康に関する文書体系を図11-2-3に示す。経営理念と経営基本原則に基づく形で、1995年に安全衛生・健康理念、安全衛生・健康基本方針が制定されており（図11-2-4）、これらに準拠した形で、下位文書である「HOYAグループ基準類等（規程、ガイドライン、通知含む。）」を規定している。HOYAグループ基準類は、原則としてグループ内の全てのサイトに適応される。ただし、健康面に関する基準類（過重労働やメンタルヘルスなどに関する基準類）は国内法令及び指針に準拠するものが多く、グローバルに同一の基準を適応できないため、日本国内のみの運用としているものが多い。また、HOYAグループでは、2015年4月に最高経営責任者（CEO）から全従業員に向けて「健康に関して守って欲しい10ヶ条」というメッセージを配信した（図11-2-5）。この中でCEOは、健康に関する取組みは経営上の"投資"であるとの認識を明確に示している。10ヶ条の内容はOSH推進室の活動とリンクしており、健康増進を図る上で基本的な事項になっている。

第11章 OHSMSにおける健康管理施策の運用事例

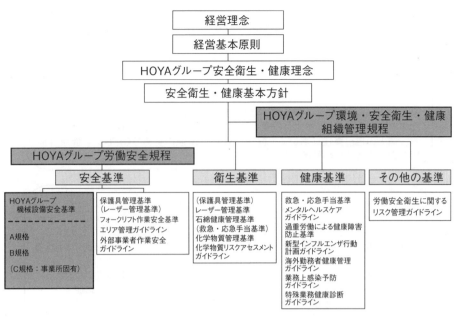

図11-2-3 HOYAグループ安全衛生・健康基準の体系

【HOYAグループ安全衛生・健康理念】

私たちは
健全な心身が
個人の豊かなライフプランと
会社の永遠の発展を実現すると確信し
グループ全員の努力によって
健康の保持・増進と
安全で快適な職場環境の形成に努めます

【安全衛生・健康基本方針】

1) 我々は、会社と社員全員の協力によってHOYAグループの健康と安全を推進する。
2) 我々は、労働安全衛生法令を遵守し、健康で安全に働ける快適職場の形成に努める。
3) 会社は、健康と安全のための組織を充実し、その施策を総合的・計画的に推進する。
4) 会社は、生産投資に優先して労働災害防止対策を進める。
5) 社員は、会社の支援と個人の自己責任において健康の保持・増進に努める。

図11-2-4 HOYAグループ安全衛生・健康理念及び基本方針

> 【HOYAグループのみなさんへ】
> HOYA株式会社　代表執行役　最高経営責任者　○○○○
>
> 私は、社員のみなさんが健康であってこそ、豊かな生活と会社の永遠の発展が実現できると考えています。
>
> 会社は、「健康に関する取り組みは経営上の"投資"である」との認識にたち、出来る限りの支援をします。社員のみなさんは、その支援を積極的に利用しながら、個人の自己責任において、健康の保持・増進に努めてください。健康保険組合の加入者である家族の方々も同様です。

> 以下がみなさんに守って欲しい10ヶ条です。<u>私との約束ですので、必ず守って下さい。</u>
>
> 〈生活習慣について〉
> 1. 自分の健康状態に関心をもつ
> 2. バランスの良い食事と運動をこころがける
> 3. 睡眠の質を高める
> 4. 適正体重を維持する
> 5. 喫煙者は禁煙に努める
>
> 〈疾病・重症化予防について〉
> 6. 健康に関する行事に積極的に参加する
> 7. 健康診断を必ずうける
> 8. がん検診を受けて早期発見に努める
> 9. 健康診断の結果コメントに従う
> 10. 産業医・保健師との約束を守る

図11-2-5　健康に関して守ってほしい10ヶ条

3 産業保健プログラムとOHSMSの展開

HOYAグループでは、安全衛生・健康に関するプログラムとして、主に図11-2-6に示す項目をOHSMSの中で運用している。各サイトにおける、実際のプログラム展開例として、化学物質のリスクアセスメント（RA）と喫煙対策の流れを紹介する。

> 【安全衛生】
> ・非定常作業に対するリスクアセスメント
> ・化学物質に対するリスクアセスメント
>
> 【健康】
> ・喫煙対策
> ・ストレスチェック結果の集団分析に基づく職場環境改善
> ・メンタルヘルス教育（管理職教育）
> ・健康診断事後措置（受診勧奨）
> ・年次有給休暇取得率向上
> ・ハラスメント対策

図11-2-6　OHSMSの中で運用している主な安全衛生・健康に関するプログラム

1）化学物質のリスクアセスメント

各サイトは、マネジメントレビューの結果やグローバル本部から配信される「重点項目」の内容を踏まえ、次年度の目標（例：「化学物質管理基準を継続運用し、化学物質リスクアセスメントガイドラインに基づくリスクアセスメントを計画的に推進する」）を作成する。次に、目標達成のための取組みとして、作業場の事前調査から、測定・分析、リスク低減対策までの流れを定めた「HOYAグループ化学物質リスクアセスメントガイドライン」に従ってRAを実施する（図11-2-7）。RAは、サイトごとに選任された「事業所化学物質管理者（化学物質を統括的に管理する担当者）」が主体となって進めていく。事前調査としては、職場内の化学物質に関する情報を既定のExcelシートにまとめ、化学物質ごとに作業者に対する有害性の有無を確認する。次に、有害性があるものに対しては、必要に応じて個別の測定（検知管による測定、個人ばく露測定など）を行い、健康障害リスクを評価する。測定の結果、許容できない残留リスクがある場合は、リスク低減対策を講じ、最終的にサイトの責任者の承認を得ることで、使用可能な化学物質となる。

RAの対象となる化学物質の範囲は、安全データシート（SDS）の交付義務の対象である物質に限らず、事業活動で使用する有害な性質を有する化学物質の全てを対象としている。つまり、一部は法的要求事項であり、一部はその他の要求事項（HOYA基準類で定められたもの、各市町村の条例、顧客との取決めなど）に該当する。サイト内の対象化学物質が多く、単年度で全てのRAを実施することが難しい場合は、RAの未達成部分を次年度の目標として設定し、計画的にRAを進めていく。

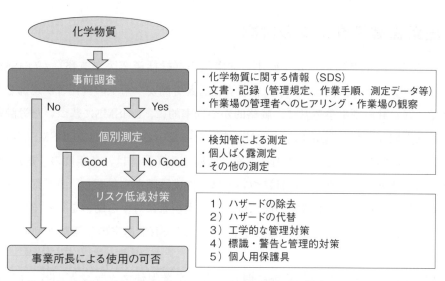

図11-2-7　化学物質リスクアセスメントの基本的な流れ

2）喫煙対策

　HOYAグループでは、2008年4月より全サイトの屋内全面禁煙を実現している。また、屋外の喫煙所については通知を発行し、設置場所や喫煙ルールについて環境安全衛生部への報告・相談を義務付けてきた。しかし、日本国内で見た場合、グループ内の喫煙率は「国民健康・栄養調査」（厚生労働省）による全国平均値よりも高い状態が継続しており、健康障害や生産性の観点から大きな課題となっていた。そこで、保健指導による個別対応の強化に加え、職場環境への介入として、2019年2月に「就業時間内全面禁煙」に関する通知を発行した。通知では、「2019年度末までに、所定の休憩時間を除き就業時間内全面禁煙とする」ことが求められており、同様の内容が2019年度の「重点項目」に設定されている。各サイトでは、「重点項目」や通知類はOHSMSにおける「その他の要求事項」として取り扱われるため、2019年度の目標として「就業時間内全面禁煙」が設定されることになる。

　現在、各サイトでは、安全衛生委員会等を活用し、就業形態ごとの就業時間や休憩時間の定義、禁煙希望者に対する支援策、全面禁煙への移行時期などに関する検討を進めている。今後は、安全衛生委員会やサイトの内部監査を活用し、サイト単位で目標管理の進捗確認を行っていく。また、グループ全体の進捗確認は、各サイトからグローバル本部への報告内容やグローバル本部へのパフォーマンス監査の機会を活用する。もしも、今年度末までに目標が達成できないサイトがあった場合は、サイトの内部監査結果からサイト責任者のマネジメントレビューにより改善を行う。もしも、複数のサイトで同様のことがあれば、グローバル本部のアウトプット指示書により事業部を通じて各サイトに改善指示が出される。

4 産業保健スタッフの役割

　当社では、CEOと環境・安全衛生・健康担当（総括産業医が兼務）がOHSMSのトップマネジメントを担っている。経営責任者と労働安全衛生の責任者が連携をとることで、経営計画や事業運営に、戦略的かつ効率的に、OHSMSに基づいた労働安全衛生活動を取り入れ、運用することが可能となっている。その他、OHSMSと産業保健スタッフの関わりとして、OSH推進室に所属する産業医は、各年度の「重点項目」のうち主に健康管理に関する項目については、作成段階から参画し、事業部・サイト単位での年間計画や目標値設定の際には、人事担当者に対する助言を行っている。また、HOYAグループ内の健康に関する基準類は、OSH推進室の産業医が中心となって作成している。

　図11-2-2に示した内部監査に関しても、産業保健スタッフが関与している。HOYAグループではOHSMSを構築し、PDCAサイクルを展開するだけでなく、各サイトで安全衛生のパフォーマンスアップを図るための手段として、環境安全衛生部

（グローバル本部）及び事業部によるパフォーマンス監査を行っている。OHSMSにおける内部監査は、システムの適合性及び有効性の評価が主であり、現場の管理状況のパフォーマンス評価までは行わない。パフォーマンス監査では、環境安全衛生部の専門家を主体としたチームにより、現場における管理が効果的な結果に結びついているかどうかのパフォーマンス評価を行っている。このチームの一員として環境・安全衛生・健康担当とOSH推進室の産業医が関与している。パフォーマンス監査は、事前準備、職場巡視による実査、報告書による改善指示、改善確認という流れで行っており、実査終了後のマネジメント層に対するレビューミーティングでは、単に指摘事項を伝えるだけでなく、改善方法を含めて提案し、サイトにおける改善活動につなげている。

　また、OHSMSの手順を実行するためには、産業保健スタッフの力量も大切な要素となる。上述の化学物質管理については、当社は事業部制をとっており、事業部ごとに複数のサイト（海外の場合、現地法人）を有する。そのため、事業部及びサイトごとに化学物質管理者を選任し、社内の化学物質管理の体制を強化している。化学物質管理者には、化学物質管理やRAを実施する上で、化学物質に対する十分な知識と経験が専門家の力量として求められている。そこで、化学物質の取扱い及び管理手法全般について必要事項を定めた「HOYAグループ化学物質管理基準」を作成し、化学物質管理者の選任要件を規定している。選任要件には化学物質に対する高い専門性を有する資格（労働安全・労働衛生コンサルタント、インダストリアルハイジニストなど）を保有する者や化学を専攻とする大学（学部）や大学院を卒業した者という要件を入れ、HOYAグループ固有の教育（図11-2-8）を実施することで社内認定を行っている。社内教育は、環境安全衛生部の専門スタッフやOSH推進室に所属する産業医が各国のサイトを訪問して実施しており、社内で専門家を育成する仕組みをとっている。

```
［教育項目］
1. 化学物質管理の導入について              （30分）
2. 化学物質管理基準内容説明                （60分）
3. SDSの読み方と職場での活用方法           （60分）
4. 化学物質リスクアセスメントガイドライン内容説明  （45分）
5. 化学物質リスクアセスメント実習           （150分）
   ・検知管を用いた簡易測定
   ・リスクアセスメント様式の作成
                      （合計：345分（5時間45分））
```

【教育の主な目的】
・HOYAグループとしてどのように化学物質を評価し、どのように化学物質を管理するかを理解する。
・事業・事業所化学物質管理者としてHOYAグループの考え方を理解し、個々の活動につなげる。

図11-2-8　化学物質管理教育プログラム

5 考察

　これまでOHSMSを運用してきた多くの組織においては、どちらかというと健康面よりも安全面に重点が置かれる傾向があった。しかし、JIS Q 45100の追加要求事項では健康確保の取組みが強化された形で盛り込まれており、さらなる健康に関わる取組みがOHSMSの運用に求められてきている。その意味では、当社は、産業医が主導で安全衛生組織を運営している形態をとっており、初めからOHSMSに産業保健活動が取り込まれているため、健康確保の取組みが強化された形に適合できている。一方で、健康確保活動は、活動の効果を適切に評価するための指標に乏しく、効果が確認できるまでに長い年月を要する傾向があるため、効果指標の選定に苦慮することが多い。特にメンタルヘルス対策や生産性向上を目的とした施策については、現在、長期休業者数やWFun（Work Functioning Impairment Scale）＊などを定量的な評価指標として活用されているが、今後は、施策の効果をより直接的に評価する指標や、経営層が理解しやすい指標を模索していく必要がある。

　また、近年の社会的な背景から、企業に求められるようになってきた健康経営の実践に関しても、OHSMSは有効なツールとなる。実際に、経済産業省と日本健康会議による「健康経営優良法人認定制度（ホワイト500）」の認定要件として設定される必須項目は、1．経営理念、2．組織体制、3．制度・施策実行、4．評価・改善、5．法令順守・リスクマネジメントであり、これはOHSMSによる継続的改善活動に必要な要素と一致している。つまり、健康経営に対する取組みとOHSMSに基づく産業保健活動は、ほぼ同義であるといえる。今後、企業として健康経営活動に取り組む際には、OHSMSを活用するとともに、その運用に関しては、専門人材としての産業保健スタッフを育成し、積極的に起用していくことが必要である。

　　　　　　　　　　（HOYA株式会社HOYAグループOSH推進室室長　小田上公法）

＊WFun：産業医科大学で開発された、健康問題による労働機能障害の程度を測定するための調査票。

事例3
事業所ごとに取組みを見える化してPDCAを回す
三井化学株式会社

1 事業場の概要

　当社は1912年に三井鉱山の石炭化学事業の合成染料、合成アンモニア等の製造を皮切りに、戦後にはポリエチレン、合成樹脂等をはじめとする石油化学事業を拡大し、三井系各社の数度の合併を経て1997年に三井化学株式会社として発足、現在の形に至っている。現在ではエチレン・プロピレンなどの石化製品やフェノール・PET樹脂・高純度テレフタル酸などの基礎化学品やポリウレタン等を中心とする基盤素材事業、自動車のバンパー等の外装材や室内内装材等種々の部品に関わるモビリティー事業、メガネレンズ原料や紙おむつ等の不織布、歯科材料等を提供するヘルスケア事業、食品包装材などを中心とし、農薬・除草剤等事業を含むフード＆パッケージ事業の4事業を中心に展開している。

　従業員数は国内外の関係会社を含め、約17,000人であり、国内には本社、研究所と5つの本体工場がある。本体各工場では前身の企業の歴史的経緯もあり、製造する製品群が工場ごとにかなり異なっており、運営体制にも若干の特色を残している。環境安全衛生活動における体制は、本社安全・環境部及び本社健康管理室が全事業所を統括し、全社方針を定めている。各事業所には安全・環境部門及び専属産業医が勤務する健康管理室が設けられ、基本的には事業所所属の一部署として、事業所長（工場長等）を筆頭とする各事業所の環境安全衛生管理体制に組み込まれて運用されている。

2 OHSMSの概要

　環境・安全及び労働衛生に関する全社方針は毎年、本社安全・環境部及び本社健康管理室が策定し、本社で開催されるレスポンシブル・ケア委員会の承認を経て、全事業所に対し発信される。これを受けて各事業所では事業所長（工場長等）から環境安全衛生方針が打ち出され、工場予算の策定が行われる。また工場安全年間計画及び工場衛生年間計画もこれに沿って立案・実施されることになる。つまり、全社方針は本社で決まり、各事業所に展開されるが、工場の実態に合わせて策定される方針と具体的方策については事業所ごとに審議・決定され運用されることになる。

　マネジメントシステムは石油化学事業など高圧設備を保有する製造拠点を中心に本体4工場でISO9001、ISO14001、OHSAS18001が導入されているが、全社一斉の取得ではなく、各事業所の実情に応じて順次認証取得されてきた。筆者の所属する岩国大

竹工場ではこれら3つの規格について外部認証機関によるシステム監査は統合審査の形態を取っており、共通項目はまとめて審査が行われている。また各審査における3年ごとの更新審査の受審年度を分散することにより、毎年1つの規格の更新審査、2つの維持審査が行われるようになっている。またこの他に、本社内部統制室及び担当役員による安全と労働衛生に関するパフォーマンス監査が定期的に行われており、本社の決定した全体施策が確実に事業所で展開され、各事業所の安全衛生施策について適切に立案及び運用されているか等について確認が行われている。さらに工場においては事業所内マネジメントシステムのトップである工場長の安全衛生施策のレビューは全課長以上が参加する中で半期ごとに開催され、年間計画の進捗状況や達成度について確認と指示が行われるようになっている。

このように、本社から出される方針をもとに、事業所単位で特性に合わせた形で安全衛生施策が立案実行され、まずは事業所内でPDCAを回し、本社の専門部門から全体施策との整合性やパフォーマンスについて監査を受け、外部認証機関からもマネジメントシステム運用の監査を受けるという仕組みが構築されている。

3 産業保健プログラムとOHSMSの展開

当社における産業保健上の課題として、団塊の世代の大量退職を経て中途採用や定期採用が増加し社員の年齢層が若返ったことを背景に、中高年のみならず若年層の肥満が増加していることが挙げられる。また、国内の化学物質の管理強化が求められる中、化学物質のリスクアセスメントの推進を最重要課題として取り組んでいるところである。過去には、老朽化やメンテナンス不備等により、局所排気装置の能力が基準を下回る例が多いという課題があった。そこで局所排気装置を保有する事業所は年間計画にこの課題を取り込み、5年計画で全事業所における法定局所排気装置について全数チェックを行い、風速不足の局排の整備や改造だけでなく、局排の設計図の整備や法的届出の不備の是正等も行った。非常に手間がかかりコストも膨大に上ったプロジェクトであったが、マネジメントシステムに組み込むことにより定期的に進捗管理がなされ、計画通りに完了することができた。このような課題についても、全社年間計画の重点項目として取り上げることにより、各事業所の衛生年間計画、さらに下部組織の部・課の年間計画へとブレークダウンして展開される。また、マネジメントシステムに組み込まれているため、第一線においても定期的に進捗が管理されることに

なる。このように現状の取組み状況を「見える化」し、不具合箇所の対応を立案させるなど、PDCAを回すことにより着実に目標を達成することにつなげている。

　肥満対策をはじめとする生活習慣病対策に対して、当社では、社員全体に対するポピュレーションアプローチとして全社的にヘルシーマイレージプログラムを展開している。これは毎日の歩数をはじめとする健康増進活動をマイルとして蓄積し、貯まったマイルに応じて当社グループの健康保険組合が提供するアイテム（入浴剤や活動量計、モバイルバッテリー等の多種の商品、支援団体への寄付等）が獲得できるものであるが、数名のチーム制で行うようにしていることが特色である。チーム単位での順位もリアルタイムに見える仕組みであり、同じ部署の中で、あるいは事業所内外で競い合う形となっている。チーム戦であるため、同じチームの中で声を掛け合って地道な日々の運動が挫折しないような形としている。この活動についても同様に各事業所の年間計画等に取り上げ、部課単位の年間計画にまで反映されるようにしている。

　健康増進活動の多くは短期で結果が出るものは少なく年間実績等の評価に直接反映されないことも起こりうるが、健康増進や有所見率など健康管理活動の評価は時間を要し、また活動が間接的に結果に影響を与えるものなどダイレクトなコントロールが難しい課題については、PDCAのうちCheckを他の管理可能な項目への対応とは分離し、単年の評価で完結させるのではなく経年的に評価し、中長期的な観点からActとしての方策を立案又は修正するなど複数年次にわたる活動としてマネジメントシステムに組み込むことは可能であると考えている。

4 産業保健スタッフの役割

　産業医、産業看護職、衛生管理者、事務スタッフ等で構成される労働衛生管理部署において、産業看護職と衛生管理者などは専門分野が大きく異なるため、同一部署に在籍していても情報や活動の進捗が共有しにくいケースも考えられる。当室ではマネジメントシステムの運用として自部署の課題とその進捗を室員全員でレビューすることにより連携協力の強化につなげている。

　また、事業所内の労働衛生活動においては直接的な実行部隊の側面を持ちながら、並行して労働衛生の主管部門として各職場における労働衛生活動推進の支援を行うこ

とになる。具体例として挙げると、岩国大竹工場健康管理室の衛生管理者は各職場を定期的に訪問し、化学物質や保護具、作業環境測定、定期健診、特殊健診の実施状況等、法的要求項目や社則等で定められているものに対して、各々の項目が適合しているかチェックを行っている。チェック項目は製造品目や部署の業務の内容によってさまざまであるが、適合率のように数値化することにより、製造部門の中でも課・係単位間で、また事務部門等など業態や要求事項の内容が異なる部署間でも比較しうる指標として活用している。さらに同一部署においては年ごとに適合率の推移を追うことにより、職場内の改善が数値として見えることとなり、各部署内における労働衛生のPDCAを回す一つの動機付けとなっている。

5 課題と考察

当社におけるマネジメントシステムの導入はISO9001、ISO14001、OHSAS18001のいずれをとっても導入時期や規格は各事業所の事情等に合わせて行われるため、全社統一という形は取っておらず、外部審査機関の選定も事業所ごとに行っている。また、本社支店等の間接部門主体の事業所や小規模の事業所では導入を見送ったり、一部にとどめたりしているなど、会社全体でのマネジメントシステムとなっていないのが現状である。ただしISO45001については製造・非製造に関わらず関係する規格であり、将来的には全事業所での統一した導入なども考慮していくことになるだろう。また、化学物質のリスクアセスメントについてはOHSAS18001に落とし込み、PDCAを回す仕組みは構築できているが、Checkの部分については各々の現場課に委ねることが多くなる。例えば、局所排気装置の風速測定などでは現場の担当者が測定するため、測定手法を間違えると評価が異なってくる。また、直接作業を行わないスタッフが作業の頻度やばく露状況などの現場の実情をよく確認せずに化学物質リスクアセスメントを行うと、誤った評価が導き出されるリスクが高まる。内部監査でこのような点についてきちんと行われているかを確認するためには監査者にも高い労働衛生スキルが求められる。残念ながら当社において、マンパワーは不足しており、スキルの高い者がすべての内部監査に監査員として参加することは事実上困難な状況である。前述の各職場で実施している法定もしくは社則等による要求項目等の適合チェック作業では、専門の衛生管理者が全てこれら項目の実施状況を確認しており、現時点でOHSAS18001には組み込まれてはいないが、PDCAを適切に回すための補完システムとして機能しているともいえる。

ISO45001は当社でも製造拠点を中心に順次OHSAS18001から移行していくことになるが、安全及び労働衛生施策の展開がより確実かつ効率的に実行できる仕組みとして活用していきたい。

(三井化学株式会社岩国大竹工場健康管理室　西日本統括産業医　井手　宏)

事例4

教育・医療機関において独自にマネジメントシステムを開発・運用
学校法人産業医科大学

1 事業場の概要

　学校法人産業医科大学は、福岡県北九州市に本部を置く私立大学である。学生数は約1,000人、医学部、産業保健学部があり、将来的に産業医として活動する医師や産業保健師、作業環境測定士を養成することを目的とした大学で、特色あるカリキュラムを持つ。また、病床数678床の特定機能病院である産業医科大学病院とその分院である病床数150床の若松病院も運営している。産業医科大学病院は、地域医療の基幹病院としての役割を持つとともに、医師・看護師を養成するための研修病院としての役割も持っている。

　法人内には、産業医科大学（以下、大学）、産業医科大学病院（病院）、産業医科大学法人事務局（事務局）、若松病院（分院）の4つの組織があり、それぞれ独立した事業所として安全衛生管理を行っている。職員数は大学所属が約440人、病院所属が約980人、事務局が約70人、若松病院が約280人となっている。安全衛生体制としては、4つの各事業所が独立して、総括安全管理者を置き、産業医、安全管理者、衛生管理者等を選任し、毎月の安全衛生委員会開催など安全衛生活動を行っている。各事業所の安全衛生活動を統括するために、年に2回、中央安全衛生委員会を開催し、各事業所の安全衛生活動の報告や共通の懸案事項に関する審議を行っている（図11-4-1）。

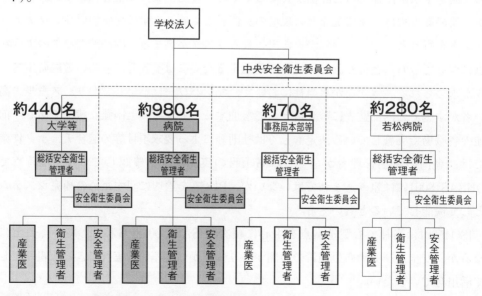

図11-4-1　産業医科大学の安全衛生組織

産業医は、産業医選任資格を持つ大学内の複数の教員（医師）が兼務しており、非専属産業医の立場で産業医業務を行っている。また保健センターが設置され、医師、保健師が所属し、法人に所属する全職員の健康診断や予防接種、軽症患者の応急処置等の産業保健サービスも行っている。大学は教育機関であり、約1,000名の学生が在籍するため、保健センターは学生に対する健康診断や感染症対策などの学校保健の役割も持っている。

2 OHSMSの概要と管理体制

　産業医科大学では、2004年より労働安全衛生マネジメントシステム（OHSMS）による安全衛生管理体制を導入した。安全衛生管理組織の単位としては、法人内の4つの組織（大学、病院、事務局、分院）を独立した事業所として労働基準監督署に届け出ている。事業所ごとに、総括安全衛生管理者がシステム管理責任者となり、産業医と事務部門の担当者がシステム実施責任者となっている。方針や実施体制、各活動のシステム文書は法人内で構成が統一されているが、各組織の実情に合わせ、細かい内容は事業所独自のものとなっている。PDCAサイクルを効果的に回すため、方針に従い、実施体制が構築され、目標が設定され、日常の安全衛生活動の計画が立てられている。各活動は、それぞれの手順がシステム文書としてマニュアル化され、様式も統一されている。活動の進捗管理には、進捗管理表が用いられ、毎月の安全衛生委員会で進捗管理が行われるようになっている。年度の最後には、内部監査が行われる。この内部監査は、特徴的であり、4つの組織がそれぞれ互いに監査を行う相互監査の仕組みを取っている。具体的には、病院の監査を行う際には、監査員として、他の事業所（病院以外の大学、事務局、分院）の産業医や安全管理者、衛生管理者、職員代表が監査員となる。監査員として選ばれた場合、事前に監査員研修を受け、システムの概要や改善につなげるための監査の理論と方法を学ぶ。相互監査は、安全衛生に関わる者が、他の事業所の状況を詳細に観察できる非常に良い機会であり、他事業所の好事例を見つけて自組織の改善につなげる効果があるほか、マネジメントシステム自体の理解にもつながるため、当大学法人でのマネジメントシステム運用にあたって重要な役割を果たしている。

　このように、法人内の4つの事業所を独立させ、個々の安全衛生管理組織として、マネジメントシステムの運用を行っているものの、システムの構成を統一し、年2回

の中央安全衛生委員会と年1回の相互監査で、有機的に相互連携が取れる形になっている。

3 産業医科大学でのOHSMSの特徴

　学校法人産業医科大学でのOHSMSの特徴は、OHSMSやISOの規格にとらわれず、簡易的なマネジメントシステムを独自に開発して運用していることである。これには、企業現場で産業医として活動し、OHSMSの運用を経験した大学教員が複数名いたことが関係している。これらの現場経験者の知識と経験から、独自のシステム文書作成などのシステム構築が行われた。規格にとらわれないシステム構築の利点としては、組織の特徴に合ったシステムが構築できることである。教育や医療が中心の業種であり、安全管理はもちろんであるが、健康診断の運用や復職支援など健康管理の要素も多く含む必要があった。このように、現場で必要な活動をシステム内に全て盛り込み、健康と安全のバランスがとれたシステム構築ができている。

　産業医科大学の各事業所の基本方針（図11-4-2）にも特徴がある。各事業所によって多少の相違はあるが、大まかな構成は統一されており、基本方針に、「全員参加」や「職員の自己責任」の文言が入り、各職員が主体的に安全衛生活動に取り組む必要があることが示されていることが特徴である。大学や大学病院の特徴として、診療科や研究室ごとに部署が分かれており、それぞれの管理者である教授の影響が強く、労務管理においても大学や病院全体での施策が浸透しにくいところがある。これは、医学系大学の組織体系の特徴であり、ライン管理が有効な一般企業などの組織体系とは異なった点である。これらの組織的な課題を解決し、全部署で安全衛生活動が進められるように、それぞれの部署に安全衛生推進者という立場の担当者を置いている。この安全衛生推進者が安全衛生活動の中心となり、現場での活動を進めている。

　具体的には、職場巡視の際の改善対応、労災が起こった際の手続き等の事後対応、リスクアセスメントを行う際の実施対応などである。この安全衛生推進者に対しては、年に1回、安全衛生推進者教育が行われ、組織全体の安全衛生実績の報告や各部署でリスクアセスメントを行う際の具体的な方法などが伝えられる。医師などの医療

---

1. 産業医科大学病院安全衛生委員会（以下「病院安全衛生委員会という。」）および所属する組織は、学校法人産業医科大学就業規則第2条に掲げる職員、嘱託、臨時職員等（以下「職員」と総称する。）**全員の参加、協力のもと健康と安全を推進する**。
2. 我々は、**職員に存在する健康と安全に関するリスクを評価**し、**低減対策を実施**、更に情報を職員に周知させる。
3. 我々は、職員の健康上の職務適性を適切に評価して、**安全および健康上の悪影響を防止する**。
4. 我々は、学校法人の支援と職員の自己責任において、健康の保持・増進に努める。
5. 我々は、健康と安全に関する法令を遵守し、法令がない場合でも適正な基準を適用する。
6. 我々は、本システムの実施状況について継続的な改善を行う。

図11-4-2　健康と安全に関する基本方針

関係者の特徴として、短期間で転任することが頻繁にある。安全衛生推進者も頻繁に入れ替わることになるが、引き継ぎがスムーズに行えるように、その部署で提出した安全衛生関連の様式などを一つにまとめ、これまでの経過が分かるように各部署でファイル管理を確実に行う仕組みも作られている。

4 システム文書と実施要領・様式の特徴

基本方針を達成するため、システム文書は図11-4-3のような文書体系になっている。組織、計画、実施・文書化、評価に分かれ、安全衛生組織の中には、体制、責務、訓練、協議・コミュニケーションの項目が入る。体制の項目では、安全衛生委員会や安全衛生推進者の位置付けなどが明記されている。責務の項目では、総括安全衛生管理者や産業医の責務が示されているほか、職員の責務も示されている。訓練の項目では、安全衛生教育実施要領に基づき、雇入れ時の安全衛生教育の方法などが規定されている。計画の項目では、リスクアセスメントによる危険源の特定について示されている。危険源に基づくリスクとしては、「①作業環境、作業に係わるリスク」と「②個人の健康状態に係わるリスク」に分類される。「作業環境、作業に係わるリスク」を評価しコントロールするための具体策として、職場巡視実施要領、リスクアセスメント実施要領、作業環境測定実施要領、化学物質等管理実施要領、健康診断実施要領が規定されている。また、「個人の健康状態に係わるリスク」を特定し低減させ

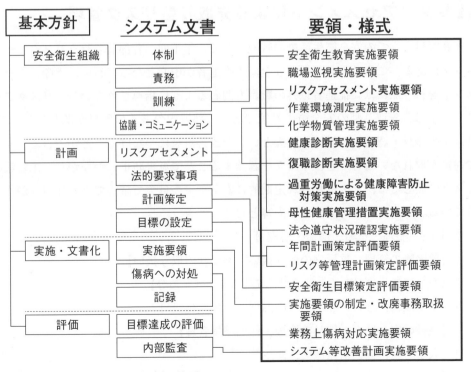

図11-4-3　システム文書の体系

るための具体策として、健康診断実施要領、復職支援実施要領、過重労働による健康障害防止対策実施要領、母性健康管理措置実施要領が規定されている。通常、リスク管理として一般事業所で行われる対象は「①作業環境、作業に係わるリスク」が一般的である。健康診断や過重労働防止対策などは、労働安全衛生法において規定されており、どの事業所でも実施されている活動であるため、産業医や保健師などが、時には社内診療所などの所属のもとに独立した活動として実施している場合も多い。健康管理に係る活動をOHSMSの体系の中で、どこに位置付けるのかは工夫が必要であるが、当大学では、このように「②個人の健康状態に係わるリスク」として分類し、体系の中に位置付けている。この方法は健康の要素をマネジメントシステムに組み込む際の一つのアイデアであると考えられる。

　実施及び文書化では、各実施要領の利用や制定、改廃について規定されている。いわゆる、変更の管理もここで規定されており、変更された内容については周知が必要なことも示されている。評価の項目では、各活動の実施状況の評価方法と監査について規定されている。実施状況の評価としては、パフォーマンス評価とアウトカム評価の2つの指標で評価することが示されている。この、評価指標に従って目標数値も設定されることとなる。実際に設定されている安全衛生の年次目標と半年ごとの評価様式を図11-4-4に示す。この中では、対応する基本方針との対応も示され、方針に沿った目標を掲げることで、各目標達成に向けての活動の意義付けが行われている。

5 リスクアセスメントによる先取り型リスク管理

　産業医科大学での安全衛生活動の特徴として、年1回、各部署で行うリスクアセスメントがある。これは、各部署の安全衛生推進者が中心となって行い、実際にアセスメントを行う際には、推進者以外の職員も関わるように指導されている。リスクアセスメントは、先取り型の安全衛生対策であり、部署内の多くの職員が関わることで、リスクの発見・認識から低減・除去といった改善対策につなげることができる。すぐに対策が取れない場合でも、リスクを認識することで災害防止につながり、未対策のリスクに関しては、リスト化され定期的に安全衛生委員会で議論できる仕組みが作られている。リスクアセスメントの内容としては、

　Ⅰ【4S（整理・整頓・清掃・清潔）】
　Ⅱ【危険物の管理、重量物の取り扱い、廃棄物の取り扱い】
　Ⅲ【パソコン・プリンター、電源及びLANコード類等】
　Ⅳ【空調設備、騒音・照明・室内温度、設備（施設）】
　Ⅴ【機械の安全側面、備品の管理、作業環境管理】
　Ⅵ【人事労務、個人情報保護、衛生管理】
　Ⅶ【緊急・救急時対応】

2015年度　大学病院　安全衛生目標要旨

実施担当者名：＿＿＿＿＿＿＿＿

左欄の目標が6ヵ月後に順調に進行している、または1年後に達成された場合は該当欄に〇を、なされていない場合は×を記載する。

安全衛生目標	P/O ※1	目標	6ヵ月後進捗状況	年間総合評価	対応する基本方針の番号
全体的取り組み					
産業医職場巡視の実施	P	毎月1回	〇	〇	① ② ⑤
衛生管理者職場巡視の実施	P	毎週1回	〇	×	① ② ⑤
安全衛生委員会の開催	P	毎月1回	〇	〇	① ⑤ ⑥
安全衛生推進者教育の実施	P	年1回	×	〇	① ②
安全衛生リスク管理					
作業環境測定（管理2もしくは3の撲滅）	O	0件	△件	〇	① ⑤
安全衛生法令への不適合	O	0件	〇	〇	② ⑤
リスクアセスメント改善計画に対する改善率	P	100%	□%	□%	② ⑤ ⑥
内部監査改善計画に対する改善率	P	100%	□%	□%	② ⑤ ⑥
労働災害件数（通勤災害を除く）（前年度　〇件）	O	前年度20%減	△件	△件	②
特殊健康診断受診率	P	100%	□%	□%	① ③ ⑤
健康診断再検および精密検査の受診率	P	100%	□%	□%	① ③ ④ ⑤
職務適性管理					
過重労働面接実施率	P	100%	〇	〇	① ② ③ ⑤

※1　P：パフォーマンス評価、O：アウトカム評価

図11-4-4　安全衛生目標要旨

Ⅷ【薬品、有害物取り扱い】

Ⅸ【情報伝達】

Ⅹ【その他の当該部署で取り組むべき項目】

に関するチェック項目がリスト化され、改善が必要である（要改善）か否かを各部署で判断する内容になっている。項目としては、作業や作業環境に関する項目が多いが、衛生面や快適職場づくりに関する内容も含まれる。また、当該部署において取り組むべき項目に関しても追加することとなっており、部署特有のリスクの評価ができるようになっている。リスクアセスメントは、部署内でリスクを評価し、低減対策を行い、自己改善する活動であるが、部署からの声を安全衛生委員会に伝えるための一つのチャンネルとして機能している（図11-4-5）。

各評価項目ごとに非該当の場合は☑を入れ、該当する場合は評価結果を○で囲んでください。
[1：改善不要、2：改善要（自部署内で対応可能）、3：改善要（他部署との調整・協働で対応が必要）]
※斜字は評価のポイントを示しています。

No	I【4S(整理・整頓・清掃・清潔)】	用語	用語の定義	非該当	評価結果			優先順位
								★
1	**スタッフ室（休憩用の部屋）の4Sが適切に管理されている。** スタッフ室（休憩用の部屋）が整理整頓され、清潔に保たれている。			☐	1	2	3	☐
2	**当直室の4Sが適切に管理されている。** 定期的に清掃されている。 当直室が清潔に保たれている。			☐	1	2	3	☐
3	**設備・機器のレイアウトが適切に管理されている。** 必要な設備・機械が整備されている。			☐	1	2	3	☐

改善メモ：

No	II【危険物の管理、重量物の取り扱い、廃棄物の取り扱い】	用語	用語の定義	非該当	評価結果			優先順位
								★
4	**危険物が適切に管理されている。**	危険物	はさみ、メス、刃物	☐	1	2	3	☐
5	**高所に危険物がない。** 棚やロッカーの上に危険物が置かれていない。 物品等が高く積み上げられていない。 棚等に落下・転倒防止装置（壁との固定、つっぱり棒など）がとられている。	高所	頭の高さ以上	☐	1	2	3	☐
6	**重量物・ガスボンベ等の管理が適切に行われている。** 取り扱い作業が正しい姿勢で腰痛対策がとられている。 取り扱い作業が必要な保護具の使用下で行われている。 ガスボンベ類が確実に固定されている。（2点固定されている）	重量物	10～16kg以上	☐	1	2	3	☐
7	**汚水槽・ハザードボックス・有害物等が適切に管理されている。** 感染性廃棄物などの表示がなされている。 ハザードボックス・有害物の廃棄物箱に差がある。 廃棄手順・分別（写真が付いている）が明確になっている。 廃棄袋の適正使用（二重）が明確になっている。 ごみの分別収集が適切に行われており、不適切な捨て方が見られない。（環境側面を含む）	有害物	感染性廃棄物 有機溶剤処理後の物品 使用後の尿衣 現像液	☐	1	2	3	☐

改善メモ：

図11-4-5　病院　安全衛生リスクアセスメント自己チェックシート（抜粋）

6 考察

　当大学法人では、2004年よりOHSMSを導入して、15年が経過した。法人内の3事業所（大学、病院、事務局）で始まり、その後、1事業所（分院）が加わり、現在は4事業所でシステムが独立して運用されている。当大学法人ではOHSMSやISOの規格にとらわれないマネジメントシステムを独自に開発したため、当初は、システム文書の作成から、実施要領や様式の整備などかなりの労力を要したが、現在は安定したシステム運営ができるようになっている。独自開発のマネジメントシステムであるメリットとして、さまざまな職種を含み、組織体系としても特徴のある医学系大学の安全衛生管理の要素を全て含むシステムが構築されていることである。また、規格にとらわれず必要な要素のみを詰め込んだ簡易なシステム文書や実施要領が作成されているため、現場での運用の小回りが効くシステムに仕上がっている。

　医学系大学は、教育機関、医療機関としての側面を持ち、多種多様な業務が存在するため、配慮すべき安全衛生上の課題も多岐にわたる。薬品や放射線などを使う業務なども多く、作業や作業環境も大切な要素であるが、教育や医療の事業を行う上では、個人の健康の要素は非常に重要である。このような観点から、当大学法人のOHSMSは、安全と健康の要素を併せ持つシステムを意識して構成されている。ISO45001と比較した場合、規格にまだ達していない部分もあるが、おおよその章構成などは合致しており、今後の修正でISO45001規格を満たすことも可能であると考えられる。

（産業医科大学医学部第一生理学准教授
　産業医科大学病院産業医　　丸山　崇）

索　引

あ行

アウトカム評価 …………………… 87, 88
アウトプット評価 ………………………… 87
安全配慮義務 ……………………………… 46
意図した成果 ……………………………… 27
インシデント ……………………………… 121
インタビュー ……………… 102, 103, 104, 105
運用 ………………………………………… 120
英国規格BS8800 ……………………………… 23
衛生委員会 ………………………………… 78

か行

改善 …………………………………… 24, 121
外部委託 …………………………………… 92
外部監査 ………………………………… 96, 97
外部監査員 ………………………………… 96
化学物質のリスクアセスメント … 30, 61, 65, 86,
　138, 145, 151, 153
箇条 …………………………………… 10, 24
監査 ………………………………… 17, 65, 67, 96
機会 ………………………………… 27, 58, 59
危険源 ……………………………………… 58
喫煙対策 …………………………………… 146
基本方針 …………………………… 31, 35, 156
緊急事態 ………………………………… 49, 86
計画 ………………………………… 24, 118
継続的改善 ………………………………… 31
健康 …………………………………… 22, 33
健康経営 …………… 42, 48, 110, 111, 114, 120
健康経営優良法人認定制度 … 113, 114, 115, 148
健康づくり …………………………… 20, 27
健康配慮義務 …………………………… 46, 84
健康文化 …………………………………… 137
健康リスク ………………………………… 54
健康リスクアセスメント ………………… 61
健康リスクアセスメント・マネジメント …… 58,
　61, 62, 64, 65, 67, 68, 69
建設業労働安全衛生マネジメントシステム … 23
建設業労働災害防止協会（建災防） ………… 23
厚労省OHSMS指針 …………………… 16, 85
コミュニケーション …………………… 93, 119

さ行

産業保健 …………………………………… 46
産業保健スタッフ … 17, 30, 41, 53, 54, 63, 68, 69,
　84, 106, 107, 108, 146, 152
産業保健の基本プロセス ………………… 47
産業保健プログラム …… 85, 86, 87, 88, 91, 92, 93
残留リスク ………………………………… 36
支援 ………………………………………… 119
仕組み監査 ………………………………… 66
資源 ………………………………………… 119
システム各級管理者 ………………… 63, 66, 69
システム文書 ………………………… 62, 157
実施 ………………………………………… 24
実地監査 ………………………………… 66, 68
重要評価指標 ………………………… 42, 64, 87
順守状況の評価 ……………………… 75, 79, 81
自律型 ……………………………… 30, 46, 72
数値目標 …………………………………… 42
ストラクチャー評価 ……………………… 88
ストレスチェック ……………………… 65, 66, 67
相互監査 …………………………………… 155
測定可能な結果 …………………………… 35
組織 ………………………………………… 117
その他の要求事項 ………………………… 74
その他の利害関係者 ……………………… 117

た・な行

中央労働災害防止協会（中災防） ………… 21, 22
中小企業 …………………………………… 124
適合性 ……………………………………… 99
適切な機械設備等 ………………………… 26
手順 ………………………………………… 26
トップマネジメント …………… 65, 66, 67, 69, 99
取組みの計画 …………………………… 47, 85
内部監査 ……………………… 31, 54, 65, 66, 96, 98, 105

内部監査員	41, 96, 99, 101, 105
日本規格協会	21
日本産業規格（日本工業規格）	21
認識	119
認証	96, 133

は行

ハザード	36, 58, 61, 62
働く人	22, 25, 117, 118
パフォーマンス評価	64, 65, 87, 98, 120, 147
非順守時の改善	76, 79
ヒヤリ・ハット活動	20, 27
評価	24
負傷及び疾病	33
附属書A	37, 38, 58, 77, 86
プロセス	17, 26, 47
プロセス評価	87, 88
文書化	79, 119
変更	59, 60
変更の管理	50, 59, 60, 76
法的要求事項	74
法令改正への対応	76
法令順守型	30, 46, 72, 84
法令要求関連事項	37, 38, 39, 40

ま行

マネジメントレビュー	31, 99
面接指導	77, 78, 80, 81
メンタルヘルス	65
目標	32
目標を達成するための計画	47, 85
モニタリング	36, 93

や・ら・わ行

有効性	99
リーダーシップ	118
力量	26, 41, 54, 93, 119
リスク	27, 48, 58, 59, 61
リスクアセスメント	31, 62, 66, 158, 160
リスク低減対策	36
リスク評価	36
リスクベース	30
リスクマネジメント	62
労働安全衛生管理システム検討委員会	22
労働安全衛生方針	32, 35, 118, 131
労働安全衛生マネジメントシステム	10, 14, 46
労働安全衛生マネジメントシステムに関する指針	16
労働安全衛生目標	50, 54
労働安全衛生リスク関連事項	37, 38, 39, 40
労働者	22

英数字

4S（5S）活動	20, 27, 85
Act	24, 74, 76
Check	24, 74, 75
COHSMS（コスモス）	23
Do	24, 74
ESG（環境・社会・ガバナンス）経営	22
ILO	20
ILO労働安全衛生マネジメントシステムに関するガイドライン（ILO-OSH2001）	23
ISO	20
ISO14001	24
ISO27001	24
ISO45001	10, 11
ISO45003	20
ISO9001	24
JIS Q 45001	10, 11
JIS Q 45100	10, 11, 21, 37
JISHA	24
JISHA方式適格OSHMS認証	24
KPI	42, 64, 65, 67, 87
KY（危険予知）活動	20, 27, 85
OHSAS18001	20, 23, 75, 153
OHSMS	10, 14, 30, 31, 32, 54
PDCAサイクル	14, 15, 24, 25, 84, 89, 90
Plan	24, 74, 75
SDGs（持続可能な開発目標）	22
SDS	30, 51, 72
TC283	20
Wfun	148

執筆者一覧

第1章　労働安全衛生マネジメントシステムとは？
　　　　　　　　　　　　土肥誠太郎　　三井化学株式会社本社
　　　　　　　　　　　　　　　　　　　健康管理室長
　　　　　　　　　　　　　　　　　　　統括産業医

第2章　ILOガイドライン、OHSAS18001、ISO45001、JIS Q 45100等、
　　　　マネジメントシステム標準化の経緯と内容
　　　　　　　　　　　　斉藤　信吾　　中央労働災害防止協会
　　　　　　　　　　　　　　　　　　　技術支援部次長

第3章　安全と健康のバランスの取れた
　　　　労働安全衛生マネジメントシステムを構築するために
　　　　　　　　　　　　　　　　　　　HOYA株式会社
　　　　　　　　　　　　小林　祐一　　HOYAグループ環境・安全衛
　　　　　　　　　　　　　　　　　　　生・健康・ISO執行責任者
　　　　　　　　　　　　　　　　　　　兼HOYAグループ総括産業医

第4章　労働安全衛生マネジメントシステムの各要素と産業保健プログラム
　　　　　　　　　　　　森　　晃爾　　産業医科大学
　　　　　　　　　　　　　　　　　　　産業生態科学研究所教授

第5章　健康リスクアセスメント・マネジメント
　　　　（化学、物理、生物、人間工学、心理社会的要因）
　　　　　　　　　　　　　　　　　　　東京工業大学キャンパスマネジ
　　　　　　　　　　　　橋本　晴男　　メント本部総合安全管理部門
　　　　　　　　　　　　　　　　　　　特任教授

第6章　労働安全衛生マネジメントシステムでの法令順守のための仕組み、
　　　　法的要求事項の位置付けと手順
　　　　　　　　　　　　平岡　　晃　　コマツ健康増進センタ副所長

第7章　マネジメントステム上の産業保健プログラムに関する目標・KPIとPDCA
　　　　　　　　　　　　上原　正道　　ブラザー工業株式会社
　　　　　　　　　　　　　　　　　　　健康管理センター統括産業医

第8章　マネジメントシステムの監査（システム監査）と産業保健プログラム
　　　　　　　　　　　　　　　　　　　株式会社産業保健コンサルティ
　　　　　　　　　　　　梶木　繁之　　ング　アルク（AORC）
　　　　　　　　　　　　　　　　　　　代表取締役

第9章　健康経営とマネジメントシステム
　　　　　　　　　　　　岡原伸太郎　　ジョンソン・エンド・ジョンソ
　　　　　　　　　　　　　　　　　　　ン日本法人グループ統括産業医

第10章　中小企業におけるマネジメントシステムの普及
　　　　　　　　　　　　　　　　　　　　　五十石　清　　五十石技術士事務所

第11章　OHSMSにおける健康管理施策の運用事例
　事例1　全社ISO45001導入を目指して　　　深井　七恵　　コマツ健康増進センタ産業医
　　　　　―コマツグループ―
　事例2　産業医主導でグルーバルに展開　　　小田上公法　　HOYA株式会社
　　　　　―HOYA株式会社―　　　　　　　　　　　　　　　　HOYAグループOSH推進室室長
　事例3　事業所ごとに取組みを見える
　　　　　化してPDCAを回す　　　　　　　　井手　宏　　　三井化学株式会社岩国大竹工場
　　　　　―三井化学株式会社―　　　　　　　　　　　　　　　健康管理室　西日本統括産業医
　事例4　教育・医療機関において独自
　　　　　にマネジメントシステムを開　　　　丸山　崇　　　産業医科大学医学部第一生理学
　　　　　発・運用　　　　　　　　　　　　　　　　　　　　准教授
　　　　　―学校法人産業医科大学―　　　　　　　　　　　　 産業医科大学病院産業医

◆編著者略歴◆

森　晃爾（もりこうじ）

産業医科大学産業生態科学研究所産業保健経営学教授

1986年産業医科大学医学部卒業、1992年～2003年外資系石油会社の日本法人の統括産業医として勤務し、国内事業場における労働安全衛生マネジメントシステムの導入や海外事業場での監査を経験し、2003年には「マネジメントシステムによる産業保健活動」（労働調査会）を出版した。同年より産業医科大学産業医実務研修センター所長に就任、2012年より現職。現在まで産業医の育成に従事するとともに、産業保健分野での労働安全衛生マネジメントシステムの活用や健康経営の推進に貢献している。日本産業衛生学会副理事長、日本労働安全衛生コンサルタント会副会長など、関連団体の役員を歴任。

産業保健スタッフのためのISO45001
―マネジメントシステムで進める産業保健活動―

令和元年11月1日　第1版第1刷発行

編 著 者	森　晃爾
発 行 者	三田村　憲明
発 行 所	中央労働災害防止協会
	〒108-0023
	東京都港区芝浦3丁目17番12号
	吾妻ビル9階
	電話　販売　03(3452)6401
	編集　03(3452)6209
イ ラ ス ト	ミヤチ　ヒデタカ
デ ザ イ ン	アロゥ・デザイン
印刷・製本	株式会社 日本制作センター

落丁・乱丁本はお取り替えいたします。　　ⒸKouji Mori2019
ISBN978-4-8059-1895-1 C3060
中災防ホームページ　https://www.jisha.or.jp/

 本書の内容は著作権法によって保護されています。
本書の全部または一部を複写（コピー），複製，転載
すること（電子媒体への加工を含む）を禁じます。